Zu diesem Buch

U-Boot-Pläne für Südafrika, Munition für den Golfkrieg, atomares Know-how für nukleare Schwellenländer, Giftgasfabriken für Libyen und den Irak – immer wieder wurden in den letzten Jahren illegale Waffengeschäfte bundesdeutscher Firmen bekannt. Öffentliche Debatten folgten, die längst überfällige Verschärfung von Kontrollen und Strafbestimmungen wurde eingefordert. Und doch: es sind gar nicht diese spektakulären Transaktionen, die das Bild des bundesdeutschen Waffenhandels bestimmen. Waffenexport aus Deutschland, das ist heute ein alltägliches und – formaljuristisch gesehen – meist ganz legales Geschäft.

Die Bundesrepublik Deutschland, einst ein Land, in dem die Produktion und der Export von Waffen verboten waren, ist seit den siebziger Jahren einer der Hauptwaffenexporteure der Welt. Wo immer Kriegsgerät zum Einsatz kommt, gehören deutsche Firmen zu den Lieferanten. Verschiedene Bundesregierungen haben diese Entwicklung tatkräftig unterstützt. Nach der Devise «Export, Export über alles» wurden die ursprünglich restriktiv gedachten Exportrichtlinien immer großzügiger ausgelegt. Die bestehenden Gesetze werden umgangen, ausgehöhlt, gebeugt und gebrochen – meist mit Genehmigung, nicht selten mit aktiver Unterstützung der zuständigen Kontrollbehörden.

Dieses Buch zeigt, wie aus den anfänglichen Ausnahmen die Regel wurde; es handelt von der Selbstverständlichkeit, mit der bundesdeutsche Politiker dem Interesse der Rüstungskonzerne an lukrativen Kriegsgeschäften nachgaben – und dies auch weiterhin tun. An zahlreichen Beispielen belegt der Autor, daß fast jede Regierung, die Waffen aus deutschen Landen kaufen möchte und bezahlen kann, diese Waffen auch erhält.

HERBERT WULF, Mitarbeiter des Stockholm International Peace Research Institute (SIPRI), ist Herausgeber und Autor mehrerer aktuell-Bände zur Rüstungspolitik.

Herbert Wulf

Waffenexport aus Deutschland

Geschäfte mit dem fernen Tod

rororo

Rowohlt

rororo aktuell – Herausgegeben von
Ingke Brodersen und Hubertus Knabe

Originalausgabe
Redaktion Thomas Becker

12.–16. Tausend März 1991

Veröffentlicht im Rowohlt Taschenbuch Verlag GmbH,
Reinbek bei Hamburg, November 1989

Umschlaggestaltung Jürgen Kaffer/Peter Wippermann
(Foto: Jean Gaumy/Magnum-FOCUS)
Satz Times (Linotron 202)
Gesamtherstellung Clausen & Bosse, Leck
Printed in Germany
980-ISBN 3 499 12621 4

Inhalt

Einleitung

Gespräch unter Bürgern

Nichts Besseres weiß ich mir an Sonn- und Feiertagen,
Als ein Gespräch von Krieg und Kriegsgeschrei,
Wenn hinten, weit, in der Türkei,
Die Völker aufeinanderschlagen,
Man steht am Fenster, trinkt sein Gläschen aus
Und sieht den Fluß hinab die bunten Schiffe gleiten;
Dann kehrt man abends froh nach Haus
Und segnet Fried' und Friedenszeiten.
Herr Nachbar, ja! so laß ich's auch geschehn:
Sie mögen sich die Köpfe spalten,
Mag alles durcheinandergehen;
Doch nur zu Hause bleib's beim alten.

J. W. Goethe

Am 17. Februar 1989 saß Bundeskanzler Helmut Kohl mit versteinerter Miene im Bundestag und weigerte sich, zum Export einer Chemiewaffenfabrik nach Libyen durch deutsche Firmen und zu den Versäumnissen der Regierung Stellung zu nehmen. Eine Woche zuvor war Bundesaußenminister Genscher bei der Pariser Chemiewaffenkonferenz aufgetreten. Stolz hatte er die deutschen Bemühungen um ein C-Waffen-Verbot präsentieren wollen, doch stattdessen sah er sich scharfer Kritik ausgesetzt. Denn mit technischer Hilfe aus der Bundesrepublik Deutschland wurde, wie zuvor im Irak, nun in Libyen eine Anlage gebaut, die Ghaddafi den Griff zur Chemiewaffe ermöglichen würde. Bereits einen Monat zuvor hatte die Opposition im Bundestag den Bundeskanzler gefragt, was und ab wann er etwas über die Geschäfte gewußt habe. Er hatte die Antwort verweigert. Erst als der Skandal durch Berichte in der Presse in die Öffentlichkeit kam, legte die Bundesregierung einen detaillierten Bericht vor. Vorher zeichneten die Sprecher der Regierung das Bild von «Fried' und Friedenszeiten». Was haben wir schon mit den Chemiewaffen der Dritten Welt zu tun?

Trotz seiner Besonderheiten spiegelt dieser Vorgang die alltägliche Normalität des Rüstungsexportes aus der Bundesrepublik wider. Normal ist inzwischen – und war es auch in den siebziger Jahren –, daß umfangreiche Rüstungsexportgeschäfte abgewickelt und mit einer Fülle von Argumenten von der Regierung legitimiert werden. Die offiziell angegebenen Gründe reichen von der Behauptung, es handele sich um zivile Geschäfte bis hin zu der angeblichen Wahrung deutscher Interessen durch Rüstungsexporte. Oft kommt es zu wohlwollender bis augenzwinkernder Kumpanei zwischen Regierung und Rüstungsfirmen. Das Geschäft mit dem Tod wird heute gehandhabt, als hätte es die deutschen Verbrechen der Nazizeit niemals gegeben.

Außergewöhnlich an dem Libyengeschäft war zweierlei: Im Ausland wurde wegen der krummen Touren einiger Geschäftemacher das Bild vom häßlichen Deutschen gezeichnet. Vom «Auschwitz im Wüstensand» war die Rede. In der Regel wird dagegen im Ausland dem Treiben deutscher Firmen im Rüstungsgeschäft gelassen zugesehen, denn Unternehmen aus der Bundesrepublik sind nicht die einzigen, die für eine schnelle Mark schon einmal das nötige Gerät in eine Kriegsregion liefern. Die zweite Besonderheit war – nachdem der Skandal nicht mehr zu vertuschen war – die Veröffentlichung eines amtlichen Berichtes, in dem Einzelheiten publiziert wurden: die Anfänge des Geschäftes, die Kenntnis der Regierung, die Warnungen der Geheimdienste, die mangelnden Exportkontrollen und die dilettantische Handhabung durch die Bundesregierung. Solch umfangreiche Informationen hatte es nie zuvor gegeben. Im Regelfalle erhalten die Abgeordneten des Bundestages nichtssagende, verschleiernde, hinhaltende und unzulängliche Antworten über die Praktiken der Rüstungsexporteure und der sie kontrollierenden (oder nicht kontrollierenden) Behörden.

Die Haltung der Regierung zum Rüstungsexport und gegenüber den Gegnern des Waffenhandels erinnert an die Geschichte von der Frau, die beschuldigt wurde, einen Kessel geliehen und beschädigt zurückgegeben zu haben. Erstens habe ich den Kessel nicht geliehen, wehrte sie sich. Außerdem gab ich ihn ordnungsgemäß zurück, und schließlich war er schon beschädigt, als ich ihn erhielt. Im Prinzip gibt es keine Waffenexporte aus der Bundesrepublik in die Kriegs-, Konflikt- und Spannungsgebiete der Welt. «Unsere Exportkontrollen sind restriktiv», heißt die Parole, obwohl sie längst nicht mehr der Realität entspricht und die Bundesrepublik Deutschland zu den großen Waffenexporteuren der Welt gehört. Wenn das erste Argument nicht zieht, dann heißt die zweite Losung: Nur nicht hinsehen, was mit den Waffen passiert. Die von Goethe beschriebene sonntägliche Ruhe könnte gestört werden, wenn man wahrnimmt, in welchen Kriegen deutsche Waffen schon überall im Einsatz waren. Würden wir nicht liefern, täten es die anderen. Und außerdem, so heißt es drittens, schlagen «die da unten» sowieso aufeinander ein und spalten sich die Köpfe. Aus unserem Fernsehsessel können wir dann, ein Gläschen in der Hand, beobachten, welche Wirkung die Präzisionsinstrumente «made in Germany» haben. Man kann den Tod aus der Ferne betrachten. In Bonner Deutsch übersetzt: Auch in der Dritten Welt gibt es sicherheitspolitische Interessen. Sollen wir uns anmaßen, den dortigen Regierungen vorzuschreiben, wieviel Rüstung sie zu ihrem Schutz benötigen?

Waffenexporte sind für manche Firmen ein einträgliches Geschäft; für viele Kommunen, Regionen und Länder sind sie eine wichtige Einnahmequelle. Wie sähe die Bilanz der Schweizer Firma Oerlikon-Bührle ohne Rüstungsexporte aus? Wie würden die norddeutschen Werften klagen, würde der Rüstungsexport verboten? Die französischen Handelsbilanzdefizite stiegen beträchtlich; die chronisch defizitäre amerikanische Zahlungsbilanz wäre noch negativer, und die englische Krankheit im industriellen Sektor Großbritanniens wäre weiter verbreitet. Selbst für die Sowjetunion, deren Regierung den Primat der Politik über die Ökonomie betont, spielen Deviseneinnahmen aus dem Rüstungsexport inzwischen eine wichtige Rolle. Dieser wirtschaftliche Faktor im Geschäft mit dem Tod war keineswegs immer so bedeutend wie in den letzten beiden Jahrzehnten. Im Gegenteil, während der fünfziger und sechziger Jahre waren sowohl in den Vereinigten Staaten von Amerika als auch in der Sowjetunion außenpolitische Erwägungen das herausragende Kriterium für den Export von Waffen. Längst nicht jede Regierung in der Dritten Welt erhielt die Waffen, die das Militär sich wünschte. Erst in den siebziger und achtziger Jahren, mit dem Beginn der Krise der Weltwirtschaft, mit steigenden Ölpreisen, sinkenden Wachstumsraten, zunehmender Arbeitslosigkeit und verschärfter Weltmarktkonkurrenz, gewannen wirtschaftliche Überlegungen – zumeist sehr vordergründiger und kurzatmiger Art – die Oberhand.

Dieses Buch handelt vor allem – aber nicht nur – vom Rüstungsexport aus der Bundesrepublik Deutschland. Im Mittelpunkt steht nicht die Frage, welche Firma welches Waffensystem für welchen Preis in welches Land geliefert hat. Es geht nicht primär um die Transaktionen einzelner Firmen, seien sie nun legal oder illegal. Das Buch handelt davon, wie die Bundesrepublik von einem Land, in dem die Produktion und der Export von Waffen zunächst verboten war, zu einem der Hauptwaffenexporteure der Welt wurde. Deutsche Kanonen im Falkland/Malvinen-Krieg, Kampfflugzeuge aus Bundeswehrbeständen im Krieg zwischen Indien und Pakistan, Munitionsproduktion mit deutscher Technologie in Südafrika, Chemiewaffenproduktion im Irak und bald auch in Libyen, Atomtechnologie gleich für mehrere Beinahe-Atommächte, ob am Golf oder Ganges, im Nahen oder Fernen Osten, in Korea oder Kolumbien – wo immer Kriegsgerät eingesetzt wird, tauchen Firmen aus der Bundesrepublik als Lieferanten auf.

Daß Unternehmen, die für die Bundeswehr Rüstung herstellen, gerne ein zusätzliches Geschäft im Export machen wollen, sollte nicht weiter verwundern. Die Manager der Rüstungsfirmen wären schlechte Kapitalisten, wenn sie auf zusätzliche Gewinne freiwillig verzichten würden. Wie aber konnten Firmen aus der Bundesrepublik einen der vorderen Plätze in der Hitliste der Waffenexporteure erobern, wo doch Gesetze den Rüstungsexport regulieren und eigentlich – im Prinzip – an Staaten außerhalb der NATO nicht geliefert werden sollte? Die Antwort ist einfach (und wird in den Kapiteln dieses Buches mit Beispielen illustriert): Die verschiedenen Regierungen haben es zugelassen oder sogar gefördert, daß der Rüstungsexport kräftig expandierte. Wo Grenzen bestanden, haben die Rüstungsfirmen Mittel und Wege gefunden, (meist legal) die Gesetzeskontrollen zu umgehen und sich bei diesen Umwegstrategien teilweise sogar die Unterstützung der Kontrollbehörden zu sichern.

Im ersten Kapitel des Buches geht es um die Geschichte des Waffenhandels nach dem Zweiten Weltkrieg. Beschrieben wird die Entwicklung von einem Liefermarkt, in dem wenige Exportländer den Transfer der Waffen kontrollierten, zu einem echten Weltwaffenmarkt. Im Mittelpunkt steht dabei die Politik der Lieferländer, unter denen sich in den siebziger Jahren auch die Bundesrepublik etablierte. Auch im zweiten und dritten Kapitel bleibt das Augenmerk auf die Exportländer gerichtet. Am Beispiel der Lieferungen von Waffen für den Golfkrieg wird gezeigt, wie Politik und Geschäft Hand in Hand gehen und moralische Bedenken über Bord geworfen werden. Während zu Hause die Wirtschaftsminister die Firmen ermuntern, Waffen an einen oder gar beide Kontrahenten im Krieg zu liefern, und sie finanziell unterstützten, hielten die Außenminister in der UNO wohlfeile Reden mit Friedensappellen an die Kriegsgegner. Nicht so spektakulär, eher klammheimlich, aber dennoch brisant und gefährlich, haben Firmen aus Westeuropa – allen voran Unternehmen aus der Bundesrepublik – Nukleartechnologie in die Dritte Welt exportiert. Unterstützt wurden sie dabei von der Regierung – zunächst der sozialliberalen, später dann der konservativ-liberalen –, die möglicherweise zwar die Buchstaben, sicherlich aber nicht den Geist des Atomwaffensperrvertrages ernst nahm. Es entstanden einige «Beinahe-Atommächte», die heute teilweise die Atombombe bereits «im Keller» haben.

Im zweiten Teil des Buches wird in Einzelheiten beschrieben, wie aus den Ausnahmen westdeutscher Exporte die Regel wurde, wie durch die Politik des «Export, Export über alles» der Rüstungsexport wuchs, wie die Regierung immer wieder die Öffentlichkeit fälschlicherweise von den angeblich restriktiven Exportrichtlinien zu überzeugen versucht und wie in Wirklichkeit die bestehenden Gesetze umgangen, ausgehöhlt, gebeugt und gebrochen werden. Selbst im Falle des Apartheidregimes in Südafrika ist die Bundesregierung nicht bereit, die in der UNO verbindlich vereinbarten Embargos einzuhalten. Das Buch handelt vom Versagen der Politik, sich gegenüber einer Industrie durchzusetzen, die selbst zwar ihre wirtschaftliche Bedeutung gerne hervorhebt und notfalls auch die Schaffung von Arbeitsplätzen als Argument für Waffenexporte hochhält, in Wirklichkeit aber am Tropf staatlicher Gelder hängt und zur wirtschaftlichen Entwicklung kaum etwas beizutragen hat. Es handelt auch von den Informationspraktiken der Bundesregierung. Die Information wird – im Gegensatz zum Rüstungsexport – restriktiv gehandhabt, und zwar in einer Weise, die der parlamentarischen Demokratie abträglich ist. Durch einige besonders spektakuläre, wirtschaftlich aber ziemlich unbedeutende Geschäfte – wie die Lieferung von U-Boot-Plänen nach Südafrika, von Nukleartechnologie nach Indien, Pakistan, Argentinien und Brasilien, von Raketentechnologie nach Ägypten, Argentinien und in den Irak, von Produktionsanlagen für Chemiewaffen nach Libyen – ist die Bundesrepublik international zu Recht in Verruf gekommen. Mehr aber noch als von diesen spektakulären Fällen handelt dieses Buch von der Alltäglichkeit des Rüstungsexports, von der Selbstverständlichkeit, mit der Politiker Krieg und Kriegsgeschrei mit Waffenlieferungen anheizen; es geht um die Vielzahl der Rüstungsexportgeschäfte, die belegen, daß fast jede Regierung, die Waffen aus deutschen Landen kaufen möchte und bezahlen kann, diese Waffen auch erhält.

Teil I
Exporte für den heißen Krieg: Der weltweite Waffenhandel

1. Vom Lieferantenkartell zum Weltwaffenmarkt: Eine kurze Geschichte des Waffenhandels

Der Waffenhandel mit der Dritten Welt durchlief verschiedene Phasen, die eng verknüpft sind mit der Politik der Großmächte. Unabhängig von deren Weltpolitik erlangten aber ökonomische Entwicklungen im Lauf der Zeit immer größere Bedeutung für das Geschäft mit dem todbringenden Gerät. Mit der Veränderung der Machtstrukturen in der Welt änderte sich auch das Muster des Rüstungstransfers. Selbstverständlich bleibt der politische Faktor bedeutsam: Nach wie vor heizen Kriege und Konflikte, territoriale Ansprüche, das noch immer nicht vollständig bewältigte koloniale Erbe, der Versuch der Großmächte, Einfluß zu gewinnen, «Claims» abzustecken, und Prestigedenken bei Diktatoren und Generälen den Waffenhandel an. Aber die Aufteilung der Welt in zwei Blöcke und deren Einflußnahmen und Interventionen in der Dritten Welt sind für die Praxis des Rüstungsexports heute weit weniger wichtig als der Profit von Firmen und die Zahlungsbilanzen von Ländern.

In einer der ersten systematischen Studien zum Waffenhandel kam eine Forschungsgruppe des Stockholmer Friedensforschungsinstitutes zu der Auffassung, daß die Kontrolle des Rüstungshandels durch «allgemeine Maßnahmen zur Begrenzung der Rüstung oder zur Abrüstung» gefördert würde.[1] Ob diese Einschätzung heute noch Gültigkeit hat, muß bezweifelt werden. Denn die siebziger und achtziger Jahre haben gezeigt, daß Rüstungsfirmen versuchen, Umsatzverluste durch den Rückgang von Aufträgen der Armeen in den Industrieländern durch Rüstungsexporte in die Dritte Welt wettzumachen. Abrüstungsmaßnahmen zwischen Ost und West könnten sich als ungewollte Schubkraft für den Rüstungsexport erweisen, weil für viele Rüstungsfirmen deren Gewinne und Existenz auf dem Spiel stehen.

Im folgenden sollen die verschiedenen Phasen des Rüstungsexportes in die Dritte Welt – seit Ende der vierziger Jahre – in groben Umrissen nachgezeichnet werden. In wie dramatischer Form der Handel mit Waffen in diesen vier Jahrzehnten gewachsen ist, verdeutlicht das Schaubild «Waffenexport 1951–1988».

Waffenexport in die Dritte Welt 1951–1988
(nur Großwaffensysteme)

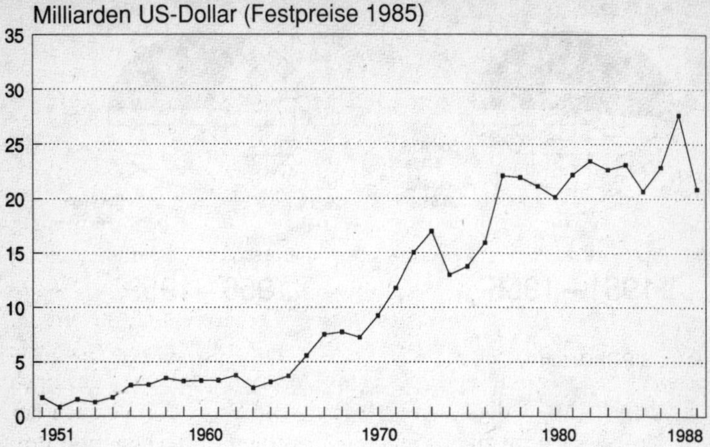

Quelle: SIPRI-Daten

Kalter Krieg: Waffen zur Eindämmung des Kommunismus

Nach dem Zweiten Weltkrieg, mit dem Auseinanderbrechen der Anti-Hitler-Allianz und der Aufteilung der Welt in zwei feindliche Blöcke, standen Rüstungstransfers ganz im Zeichen der Systemauseinandersetzung. Zu Beginn der fünfziger Jahre, während der Hochphase des kalten Krieges, dominierten die Vereinigten Staaten eindeutig die weltweiten Rüstungsexporte. In der ersten Hälfte des Jahrzehnts stammten mehr als 50 Prozent aller Großwaffen für die Dritte Welt aus den USA. Zweitgrößter Lieferant war nicht die Sowjetunion, sondern Großbritannien. Zum damaligen Zeitpunkt lieferte die UdSSR Waffen lediglich innerhalb des sozialistischen Lagers.

Der Rüstungsexport und die Militärhilfe der USA wurden in dieser Anfangsphase durch außen- und weltpolitische Kriterien bestimmt, für die wiederum Anti-Kommunismus und das Verhältnis zur Sowjetunion der Maßstab waren. Die Eindämmungspolitik («Containment») dominierte das amerikanische Denken. Rund drei Viertel aller US-Großwaffenlieferungen gingen an sogenannte «forward de-

Anteile am Rüstungsexport (nur Großwaffen)

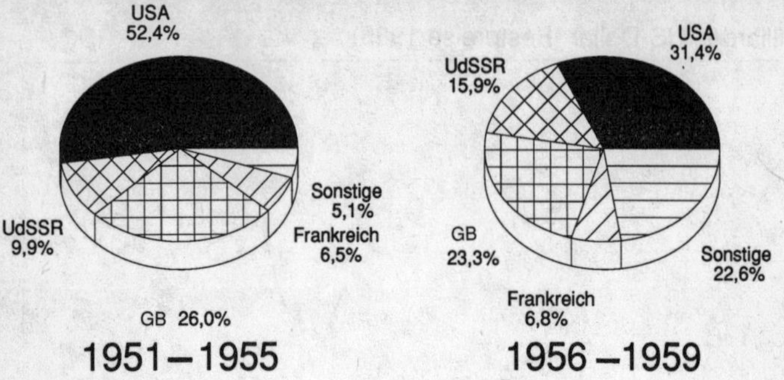

Quelle: SIPRI-Daten

fense countries» – also Länder, die an die Sowjetunion und China grenzten. Vorrangig beliefert wurden Griechenland, die Türkei, der Iran, Taiwan, Südkorea und die Philippinen. Die Waffenlieferungen und vor allem die Militärhilfeprogramme, in denen Soldaten und Offiziere aus Dritte-Welt-Ländern ausgebildet wurden, sollten dazu beitragen, revolutionäre Entwicklungen in diesen Ländern zu bekämpfen und das Vordringen der Sowjetunion einzudämmen. Der Sieg der chinesischen Revolution (in den Kategorien von Besitz und Eigentum in den USA als «Verlust» Chinas eingestuft) und der Ausbruch des Koreakrieges 1950 verstärkten die US-amerikanischen Bemühungen, die «freie Welt» nicht nur mit Sendungsbewußtsein, sondern auch mit Waffenlieferungen zu schützen. Die meisten Waffen wurden kostenlos im Rahmen von Militärhilfeprogrammen geliefert; allerdings knüpfte die Regierung Bedingungen an diese Transfers: Die Empfänger der Militärhilfe mußten ein Abkommen unterzeichnen, in dem die Integration in die westliche Welt vereinbart wurde, und sie mußten in ein militärisches Bündnis mit den USA eintreten. Verschiedene Allianzen entstanden, nicht nur die NATO in Europa, sondern ebenso der Bagdad-Pakt (später CENTO) im Mittleren Osten, die SEATO in Südostasien sowie zahlreiche bilaterale Militärpakte mit Ländern, die an den Block der kommunistischen Staaten grenzten.

In den frühen fünfziger Jahren konnte die US-Regierung die Bedingungen für Waffenlieferungen diktieren. Der einzige ernsthafte Konkurrent war Großbritannien, das damals mehr als ein Viertel aller Großwaffen lieferte. Das Vereinigte Königreich war jedoch nicht nur Konkurrent, sondern hatte gleichzeitig eine besonders freundschaftliche Beziehung zu den Vereinigten Staaten. So lag der britischen Regierung der Gedanke fern, etwa die politischen Zielvorstellungen des amerikanischen Militärhilfeprogramms zu unterlaufen. Zum damaligen Zeitpunkt, bevor sich der totale Niedergang des britischen Empires abzeichnete, versuchten die Briten, technologisch im Rüstungsbereich Schritt zu halten. Indem sie ihre ehemaligen, soeben in die Unabhängigkeit entlassenen Kolonien – beispielsweise Indien und Pakistan – mit Waffen belieferten, verfolgten sie gleichzeitig das Ziel, die Entwicklungs- und Produktionskapazitäten in Großbritannien möglichst wirtschaftlich zu nutzen.

Die französischen Waffenexporte in den fünfziger Jahren (knapp sieben Prozent des Gesamttransfers) gingen vor allem in die ehemaligen französischen Kolonien in Afrika. Frankreich schloß mit diesen Ländern Militärpakte ab, in denen es für die innere und äußere Sicherheit Verantwortung übernahm. Auch Großbritannien unterzeichnete derartige Abkommen, allerdings nicht mit seinen ehemaligen afrikanischen Kolonien, sondern nur im Mittleren Osten.

In der zweiten Hälfte der fünfziger Jahre wuchs die Bedeutung anderer Länder beim Rüstungsexport: Auch die Volksrepublik China, Kanada, Italien, Schweden, die Tschechoslowakei und vereinzelt die Bundesrepublik Deutschland und Polen traten nun als Waffenlieferanten der Dritten Welt auf.

Das Monopol der westlichen Länder im Waffenexport beruhte zu Anfang des Jahrzehnts vor allem auf der Zurückhaltung der sowjetischen Regierung. Waffenlieferungen und militärische Ausbildungshilfe der Sowjetunion außerhalb des Warschauer Pakts beschränkten sich zunächst auf Nordkorea und China. Der Umfang der Lieferungen war jedoch minimal. Einige Regierungen und Oppositionsgruppen und -parteien in Entwicklungsländern – und nicht nur kommunistische oder kommunistisch beeinflußte – drängten die Sowjetunion zwar, sie zu unterstützen. Doch unter Stalin mißtraute die sowjetische Führung jeglicher Allianz mit den Eliten in den entkolonialisierten Ländern und betrachtete den aufkommenden Nationalismus nicht als anti-imperialistische oder revolutionäre Kraft. Generell war das Verhältnis der Sowjetunion zu den unterentwickelten Ländern unter-

Waffenexport 1951–1959 (nur Großwaffen)

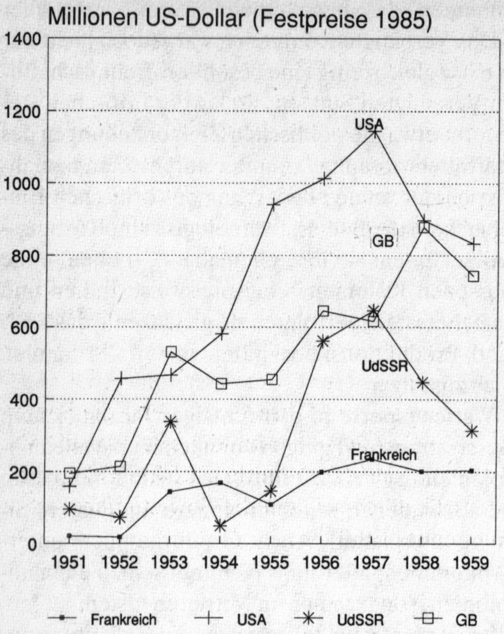

Quelle: SIPRI-Daten

kühlt; die neuen unabhängigen Staaten (so Indien unter Nehru, Indonesien unter Sukarno, Ägypten unter Nasser) wurden als Appendix des kapitalistischen Systems betrachtet.

Erst als die Sowjetunion international weitgehend isoliert war, änderte sich ihr Verhältnis zur Dritten Welt. Statt wie Stalin holzschnittartig von zwei Welten – einer kapitalistischen und einer sozialistischen – auszugehen, betonte Chruschtschow das Prinzip der Koexistenz verschiedener sozialer Systeme und betrachtete, unter Berufung auf Lenin, die Dritte Welt, wenn auch nicht als pro-sowjetisch, so doch als anti-imperialistisch. Chruschtschow besuchte 1955 Indien und Afghanistan und bot Unterstützung für industrielle Entwicklung im staatlichen Sektor und militärische Hilfe an. Nordkorea, China und zum Teil auch Nordvietnam profitierten von der veränderten Einschätzung in der Sowjetunion. So wurden chinesische Wünsche zum

Bau von Rüstungsproduktionsanlagen erfüllt. Allmählich begannen auch die Waffenlieferungen an nichtkommunistische Entwicklungsländer. 1954 entsandte die Sowjetunion zur Unterstützung des linksorientierten guatemaltekischen Präsidenten Arbens eine Schiffsladung tschechischer Waffen. Die Lieferung wurde von den USA als Bestätigung für die vermeintliche kommunistische Bedrohung aufgefaßt; das sowjetische Engagement diente auch als Begründung für die Beteiligung der US-Regierung am Sturz des Präsidenten Arbens. 1955 lieferte die Sowjetunion Panzer und Kampfflugzeuge nach Ägypten, nachdem die USA eine entsprechende Bitte Nassers zuvor mit Blick auf Israel mehrfach abgelehnt hatten. Ein Jahr später erhielt Syrien vom sowjetischen Verbündeten ČSSR Waffen. Der Sowjetunion gelang es, den Gürtel der «forward defense countries» zu überspringen und andere Länder aus dieser Front herauszubrechen. Nach dem Sturz der Monarchie im Irak im Jahre 1958 lieferte die Sowjetunion auch an dieses Land. Ein Jahr später kündigte der Irak die Mitgliedschaft im Bagdad-Pakt, der daraufhin in CENTO-Pakt umbenannt wurde. Ab 1960 schließlich gewann die Sowjetunion auch in einigen afrikanischen Ländern Einfluß.

Von der Eindämmungspolitik zur Anti-Guerilla

Die erste Dekade der amerikanisch dominierten Militärhilfe- und Rüstungsexportpolitik endete mit einer Kehrtwende. Die USA hatten im wesentlichen Großwaffen wie Flugzeuge, Kriegsschiffe, Panzer und Artillerie aus Beständen des Zweiten Weltkriegs und des Koreakriegs kostenlos oder zu günstigen Kreditbedingungen an die Frontstaaten im kalten Krieg geliefert. Der Triumph der kubanischen Revolution im Jahre 1959 veranlaßte die US-Regierung, ihre Waffenexportpolitik zu ändern. Zum einen mußte die Regierung erkennen, daß die Sowjetunion in der Lage war, auch über ihr unmittelbares geographisches Umfeld hinaus Einfluß zu gewinnen. Außerdem zeigte sich in Kuba die Beschränktheit bzw. Erfolglosigkeit von Aufrüstungsprogrammen in der Dritten Welt, denn die Kubaner hatten der unumstrittenen Weltmacht USA unter Führung Fidel Castros gezeigt, daß ein von den USA gestütztes Regime mit unkonventionellen Mitteln besiegt werden konnte.

US-Handelsinteressen trugen maßgeblich dazu bei, daß die Regierung den entkolonialisierten Ländern in der Dritten Welt von nun an größere Beachtung schenkte, und sie stimulierten strategische Überlegungen gegen die sogenannten Befreiungskriege. John F. Kennedy, der 1961 Dwight D. Eisenhower als Präsident ablöste, setzte die Formulierung und Anwendung einer für die ganzen sechziger Jahre gültigen Anti-Guerilla-Strategie, der «Counter-Insurgency»-Strategie (COIN) durch. Diesem radikalen Politikwechsel lag die simple Erkenntnis zugrunde, daß die Drohung, Atomwaffen auf Moskau oder Leningrad abzuwerfen, gegen kommunistisch inspirierte streikende Arbeiter und Studenten in Lateinamerika oder gegen rebellierende Bauern in Afrika ein völlig untaugliches Instrument war. Kennedy sagte 1962 in der Militärakademie von West Point: «Subversive Aufstände sind eine andere Art Krieg, neu in seiner Intensität, alt in seinem Ursprung. Es bedarf in Situationen, in denen wir ihnen etwas entgegensetzen müssen... einer völlig neuen Strategie (und) völlig anderer Streitkräfte.»[2] Counter-Insurgency wurde zum wesentlichen Bestandteil US-amerikanischer Weltmachtpolitik, vor allem in Lateinamerika. Militärhilfe und Rüstungsexport wurden nicht mehr an der tatsächlichen oder wahrgenommenen Gefahr der Expansion der Sowjetunion ausgerichtet, sondern primär an der Kontrolle und Unterdrückung innergesellschaftlicher Unruhen. Die USA reduzierten den Export von Großwaffen und schwerem Gerät und steigerten stattdessen die Lieferung von Kleinwaffen, Lastkraftwagen, Anti-Demonstrationsausrüstung usw.

Allerdings bedeutete für die Kennedy-Administration Counter-Insurgency mehr als nur eine militärische Strategie. Sie ging Hand in Hand mit großen Wirtschafts- und Entwicklungshilfeprogrammen. Robert McNamara, der damalige Verteidigungsminister, war der Auffassung, daß sich Revolutionen nur in einer unterentwickelten Gesellschaft entfalten könnten; deshalb müsse Counter-Insurgency Anstrengungen zur Überwindung der Unterentwicklung der verarmten Massen beinhalten. Das von der Regierung Kennedy mit großem Pathos verkündete weltweite friedens- und entwicklungspolitische Programm hielt sie jedoch nicht davon ab, in der Dritten Welt zu intervenieren und sich am Sturz von Regierungen zu beteiligen, wenn diese den amerikanischen Vorstellungen nicht mehr entsprachen.

Besser als ausgeklügelte politikwissenschaftliche Analysen demonstriert eine derbe Äußerung Präsident Johnsons diesen Großmacht- und Führungsanspruch der USA gegenüber kleineren Ländern. 1964, als sich der griechische Botschafter in Washington gegen die von Johnson gewünschte Teilung Zyperns wehrte und sagte, nie werde das griechische Parlament der Teilung zustimmen, schleuderte Johnson ihm entgegen: «Fuck your parliament and your constitution. Amerika ist ein Elefant, Zypern ein Floh. Griechenland ist ein Floh. Wenn diese beiden Burschen den Elefanten weiterhin jucken, werden sie mit dem Rüssel abgeschüttelt. Wenn Ihr Premierminister mir weiterhin etwas über Demokratie, Parlament und Verfassung erzählt, dann werden er, sein Parlament und seine Verfassung vielleicht nicht mehr lange existieren.»[3]

In der Dritten Welt hatten sich die von Führern wie Nehru, Sukarno, Tschou En-Lai, Nasser und Peron erwarteten raschen Wirtschafts- und Industrialisierungserfolge nicht eingestellt. Im Gegenteil, der Abstand zwischen den Industrie- und Entwicklungsländern nahm zu. Als Reaktion auf diese Entwicklungskrise putschten in zahlreichen Ländern die Streitkräfte. Sozialwissenschaftler in den kapitalistischen Ländern, die zunächst das Ziel demokratischer Regierungsformen für die Dritte Welt propagiert hatten, legitimierten die Staatsstreiche, indem sie dem Militär eine Schlüsselrolle für die Modernisierung der Gesellschaft zuerkannten. Das Militär sollte Ordnung und Stabilität garantieren, die Entwicklung fördern, technisches Know-how und Managementfähigkeiten zur Verfügung stellen. Die USA und auch andere westliche Länder hatten keine Bedenken, die Militärregime mit Waffen zu beliefern und die Ausbildung der Offizierskorps zu übernehmen. Die Stützung reaktionärer Regime (Tschiang Kai-schek in China, Somoza in Nicaragua, Markos auf den Philippinen, der Schah im Iran) und die Destabilisierung nationaldemokratischer Reformregierungen (Mossadekh im Iran, Arbens in Guatemala, Allende in Chile) zieht sich wie ein roter Faden durch die Außen- und Militärhilfepolitik der USA.

Im Rahmen der Counter-Insurgency-Strategie setzten sich die Kennedy- und später die Johnson-Regierung für Beschränkungen im Export von Großwaffen ein. Begründet wurde dies mit der dadurch entstehenden Einsparung knapper finanzieller Mittel in den Entwicklungsländern. Dritte-Welt-Länder wurden angehalten, auf kostspielige, moderne, technisch komplizierte Waffen zu verzichten und die Mittel für Entwicklungsprogramme einzusetzen. Erst mit dem verstärkten Engagement in Vietnamkrieg ab Mitte der sechziger Jahre stiegen die Lieferungen von militärischem Großgerät aus den USA wieder an.

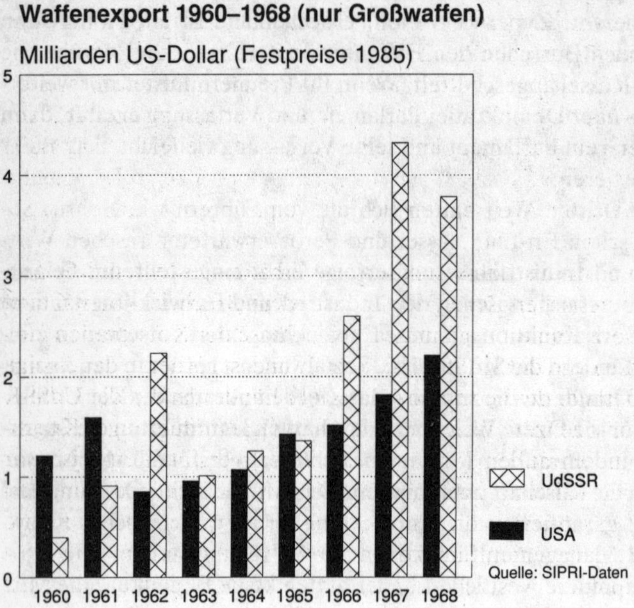

Als die Regierung Perus 1965 eine Schwadron Überschall-F-5A-Freedom-Fighter-Kampfflugzeuge bestellte, lehnte die Regierung Johnson die Lieferung ab, weil es sich um ein Beispiel verschwenderischer Militärausgaben handele. Diese Entscheidung löste eine Kette von Maßnahmen aus, die bis heute zu spüren sind. Die peruanische Regierung wandte sich an Frankreich, und die dortige exportorientierte Regierung genehmigte den Verkauf von Dassault-Breguet-Mirage-5-Kampfflugzeugen und förderte das Geschäft mit staatlichen Krediten. Andere lateinamerikanische Länder diversifizierten danach ebenfalls ihre Einkaufsquellen und steigerten die eigene Produktion. Das bis heute ständig benutzte Argument, «wenn wir nicht liefern, dann liefern die anderen», erhielt durch die französische Exportpolitik erstmals Nahrung.

Die Sowjetunion setzte in den sechziger Jahren ihre 1955 begonnene Politik der Waffenlieferungen konsequent fort. 1962 wurde die UdSSR zum erstenmal größter Waffenlieferant für die Dritte Welt. Sie exportierte vor allem in die am arabisch-israelischen Konflikt beteiligten arabischen Länder. 1961 arbeiteten bereits 1300 militärische Berater aus der Sowjetunion und anderen sozialistischen Staaten in Ägypten, um das dortige Militär an sowjetischen Waffen auszubilden. In Afrika war die UdSSR mit ihrer Politik vor allem in Algerien, vorübergehend auch in Marokko, in Guinea, Ghana, Somalia und Mali, zeitweise auch in Sansibar/Tansania, Sudan und Kongo-Brazzaville erfolgreich. Das Volumen der Rüstungsexporte nach Afrika war allerdings recht gering.

Weit intensiver entwickelte sich das Verhältnis zu Indien. Mit dem indisch-chinesischen Krieg 1960/61 und dem Bruch zwischen China und der Sowjetunion begann eine lange Phase der Kooperation zwischen Indien und der UdSSR. Indien war und ist bis heute das einzige Land außerhalb des Blocks sozialistischer Länder, in das die UdSSR Produktionslizenzen für moderne Waffen (Kampfflugzeuge, Kriegsschiffe, Hubschrauber, Lenkwaffen, Panzer) vergibt. Zeitweise war die indische Rüstung stark von Eigenentwicklungen und Importen aus der UdSSR bestimmt; erst ab Ende der siebziger Jahre bemühte sich die Regierung mit Käufen in Frankreich, Großbritannien und der Bundesrepublik Deutschland um eine gewisse Diversifizierung. In Asien waren neben Indien vor allem Nordkorea, Nordvietnam, Afghanistan, von 1956 bis 1964 Indonesien, Burma, Kambodscha und später Laos Waffenimporteure bzw. Empfänger sowjetischer Militärhilfe. Insgesamt stiegen die sowjetischen Waffenlieferungen während der Chruschtschow-Ära beträchtlich; dennoch war die Zahl der Empfängerländer im Vergleich zu den USA begrenzt: Bis 1970 hatten 29 Dritte-Welt-Länder aus der UdSSR Großwaffen erhalten.

Ebenso wie die Vereinigten Staaten knüpfte auch die sowjetische Regierung Bedingungen an ihre Lieferungen und versuchte, ihre Klientel an sich zu binden und ihre gesellschaftspolitischen Vorstellungen zu exportieren. Diese Politik war zunächst erfolgreich, weil die UdSSR für viele Entwicklungsländer in ihrem Kampf gegen den Spätkolonialismus eine Alternative zu den kapitalistischen Ländern bot. Regierungen in der Dritten Welt reagierten positiv auf die großzügige

Militärhilfe, auf die verbale Unterstützung für den Unabhängigkeitskampf und auf die wenigen, aber spektakulären (vom Westen abgelehnten) Entwicklungshilfeprojekte, wie den Assuan-Staudamm in Ägypten und ein Stahlwerk in Indien. Langfristig jedoch war die sowjetische Politik gegenüber Dritte-Welt-Ländern wenig erfolgreich, denn die Entwicklungshilfe wie auch die Außenhandelsbeziehungen blieben beschränkt; leistungsfähig war die UdSSR vor allem auf dem Gebiet der Waffenlieferungen. Für eine dauerhafte politische Einflußnahme reichte dies nicht aus. Der Hinauswurf aus Indonesien, Ghana, Mali, Somalia, Ägypten und später der Rückzug aus Afghanistan zeigen, daß die sowjetischen Versuche, durch Waffenexporte Einflußzonen zu sichern, eher russischem Roulette als Realpolitik entsprachen.

Die Nixon-Doktrin: «Rücktritt» des Weltpolizisten

Der Waffenexport in den siebziger Jahren war weitgehend durch drei Ereignisse bzw. politische Entscheidungen bestimmt: die Nixon-Doktrin, den arabisch-israelischen Krieg 1973 und die drastische Erhöhung der Ölpreise.

Der Republikaner Richard Nixon, 1969 zum Präsidenten der USA gewählt, war ideologisch sowohl gegen Rüstungsexportkontrollen als auch gegen die Entwicklungspolitik der Kennedy- und Johnson-Administration eingestellt. Nixon lehnte zwar die Counter-Insurgency-Strategie nicht ab, wollte aber durch Waffenlieferungen die Beziehungen zu befreundeten Ländern stärken. Deutlich wurde diese Politik zunächst in Lateinamerika; hier hob die Regierung Nixon die Beschränkungen für die Lieferung von Kampfflugzeugen, Kriegsschiffen und anderem Großgerät aufgrund eines Berichtes von Nelson Rockefeller auf.

Innenpolitisch war Nixon mit dem Protest gegen den unpopulären Vietnamkrieg konfrontiert, den die mächtigste Militärmacht der Welt ganz offensichtlich nicht gewinnen konnte. Er reagierte mit der als Nixon-Doktrin bekannt gewordenen Politik, die er zu Beginn seiner Amtszeit während einer Asienreise auf der Insel Guam verkündete. Darin forderte er die Übernahme höherer militärischer Lasten durch die Verbündeten und kündigte an, daß sich die Streitkräfte der USA aus der vordersten Front im Kampf gegen den Kommunismus zurückziehen würden. Die US-Regierung wollte nicht mehr Weltpolizist Nummer eins sein, sondern entwickelte die Vorstellung, daß regionale Mächte einen Teil der Lasten übernehmen sollten. Als Prototyp eines solchen regionalen Polizisten wurde der Iran mit dem Schah als uneingeschränktem Herrscher angesehen, der für Ruhe und Ordnung in der Golfregion zu sorgen habe. Die iranischen Waffenimporte aus den USA und Westeuropa, deren Wert 1968 140 Millionen US-Dollar betragen hatte, schnellten bis 1974, dem Jahr, in dem Nixon als Präsident abgelöst wurde, auf fast 1 Milliarde hoch, um sich in den beiden folgenden Jahren nochmals zu verdoppeln. Die Rüstungskäufe des Schah muten an wie der Versuch des Kaisers, sich neue Kleider nähen zu lassen. 1973, zu Beginn seiner neuen Importstrategie, sagte er voller Stolz: «Jetzt haben wir 80 Phantom, die uns pro Stück 2,5 Millionen Dollar kosten, und weitere 100 kommen, die 5 Millionen pro Stück kosten; das ergibt eine Kampfbomber-Streitkraft von weit über 300. Wir haben 700 Hubschrauber bestellt, einschließlich 200 «gunships» und 10 große Chinooks and 18 ASW(antisubmarine warfare) Sikorskys... Wir kaufen auch 800 Chieftain-Panzer von Großbritannien, die uns weitere 480 Millionen Dollar kosten werden, und währenddessen modernisieren wir unsere 400 M-47-Panzer. Das ergibt eine Panzerstreitmacht von über 1700.»[4]

Die Nixon-Doktrin hatte unmittelbare Konsequenzen für den Waffenexport. Mit ihr wurden die Waffenexporte forciert und gerechtfertigt. Die großzügigen amerikanischen Militärhilfeprogramme, die während der fünfziger Jahre mehrfach über 5 Milliarden Dollar im Jahr betragen hatten, wurden auf niedrigem Niveau eingefroren. Stattdessen setzte sich die Regierung im Kongreß aktiv für eine Freigabe kommerzieller Exporte ein. Diese Forderung bekam dadurch zusätzliche Schubkraft, daß in den sechziger Jahren die Arsenale der ausgemusterten Waffen weitgehend geleert worden waren. Jetzt wollte nicht nur die Regierung die Politik ändern, die Rüstungsindustrie übte ebenfalls Druck aus und drängte erfolgreich auf die Lockerung der Exportkontrollen. Entsprechend stiegen die kommerziellen Rüstungsexporte kräftig an.

Unter Präsident Ford führte Außenminister Kissinger diese Politik fort. Kissingers Geheimdiplomatie im Nahen Osten in der Mitte der siebziger Jahre läßt deutlich die Strategie erkennen, mit Waffenexporten Freunde zu gewinnen und an sich zu binden. Um Ägypten aus dem sowjetischen Dunstkreis herauszulösen und Friedensgespräche

Militärhilfe und Rüstungsexport der USA

Milliarden US-Dollar (in lfd. Preisen)

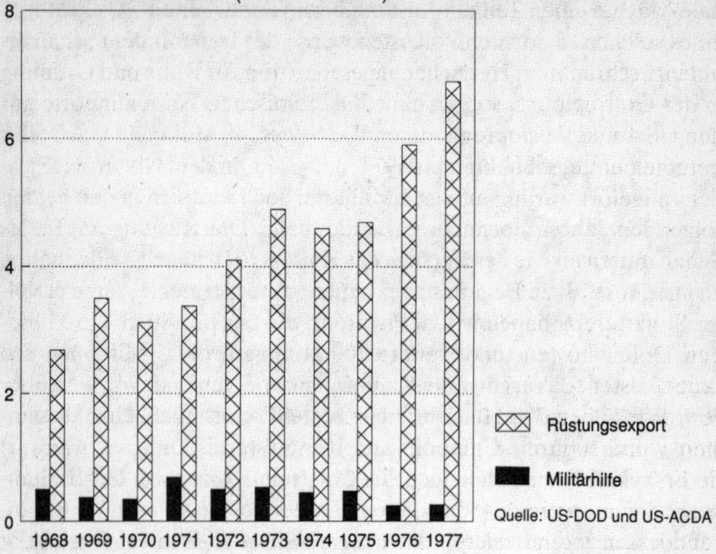

zwischen Israel und Ägypten zu ermöglichen, erhielt Ägypten großzügige Zusagen für Militärhilfe und Rüstungslieferungen. Damit avancierte neben Israel auch dessen Kontrahent Ägypten zu einem Großkunden der amerikanischen Rüstungsindustrie. Um die Exporte zu finanzieren, legte die US-Regierung nun ebenso wie zuvor für Israel auch für Ägypten ein umfangreiches Hilfs- und Kreditprogramm auf. Der augenscheinliche, zumindest kurzfristige Erfolg von Kissingers Politik verstärkte in Washington die Auffassung, Waffenlieferungen seien ein wichtiges und wirksames Instrument der Außenpolitik. Diese Einschätzung sollte später Präsident Carter bei seinen Bemühungen um Exportkontrollen ständig vorgehalten werden.

Die arabisch-israelischen Kriege

Die sowjetische Führung hatte sich in den sechziger Jahren im Nahost-Konflikt eindeutig auf die Seite der arabischen Länder gestellt und damit auf die Unterstützung oppositioneller kommunistischer Kräfte in diesen Ländern verzichtet. Die umfangreichen, kostengünstigen Waffenlieferungen und die großzügigen Militärhilfeprogramme der UdSSR hatten den arabischen Führern den Eindruck eigener militärischer Stärke vermittelt. Der Sechs-Tage-Krieg von 1967 zeigte jedoch, daß die ägyptische und syrische Luftwaffe der israelischen unterlegen war. Nach Ansicht der sowjetischen Militärberater war die Niederlage allerdings nicht in mangelnden Waffenlieferungen, sondern in mangelhaften Leistungen der militärischen Führung Ägyptens begründet. Die sowjetische Regierung weigerte sich auch nach dem Krieg, Waffen mit höherer Offensivfähigkeit zu liefern, wie sie von Syrien und Ägypten gewünscht wurden. Binnen weniger Wochen wurden durch umfangreiche Kampfflugzeuglieferungen zwar die Luftwaffen neu ausgerüstet, doch die gelieferten Boden-Boden-Raketen waren veraltet, das Gerät des Heeres (Panzer und Artillerie) traf nur schleppend ein. Über diplomatische Kanäle in den USA versuchte die UdSSR, Israel für eine friedliche Lösung zu gewinnen, um die eigenen Rüstungslieferungen und die Militärhilfe in der Region drosseln zu können. Erst als dieser Versuch Anfang der siebziger Jahre fehlschlug, gab die Sowjetunion dem Drängen nach umfangreicheren Waffenlieferungen nach.

Der israelisch-arabische Krieg von 1973 und die erfolgreiche diplomatische Offensive Kissingers führten schließlich zum Bruch zwischen der UdSSR und Ägypten. Anders als in den Verhandlungen nach den verschiedenen indisch-pakistanischen Kriegen, in denen die sowjetische Regierung eine Vermittlungsfunktion übernehmen konnte, während sich die US-Führung gezwungen sah, die Rolle eines Zaungastes zu spielen, verlor die Sowjetunion in den arabisch-israelischen Konflikten ihren Einfluß fast völlig.

Das Gros der sowjetischen Rüstungslieferungen konzentrierte sich in den siebziger Jahren auf eine sehr geringe Zahl von Entwicklungsländern. Läßt man die Lieferungen nach Nordvietnam zu Beginn des Jahrzehnts außer Betracht, dann ergibt sich folgendes Bild: Bis zum Bruch mit Ägypten lieferte die UdSSR rund 70 Prozent ihrer Rüstung für die Dritte Welt an nur sieben Länder: An erster Stelle stand Ägypten, gefolgt von Syrien, dem Irak, Indien, Libyen, dem Iran und Kuba. Ab Mitte der siebziger Jahre wurde der Irak zum wichtigsten Importland sowjetischer Waffen, gefolgt von Libyen, Syrien und Indien. Einige neue Klienten kamen hinzu: In Afrika geriet Äthiopien als großer Waffenimporteur unter starken Einfluß der UdSSR, während Somalia sich dem Westen zuwandte. Hier fand ein regelrechter Tausch der Klientel zwischen den beiden Großmächten statt. Algerien, das schon früher Waffen aus der UdSSR erhalten hatte, rückte in der zweiten Hälfte der siebziger Jahre an die sechste Stelle der Dritte-Welt-Importeure sowjetischer Waffen. In Lateinamerika erhielt zu Beginn des Jahrzehnts nur Kuba sowjetische Waffen. In der Hochphase der Entspannungspolitik war die UdSSR auch nicht bereit, die sozialistische Regierung Allende mit Militärhilfe zu stützen. Stattdessen bemühte sie sich wenige Jahre später erfolreich um Peru. Mit günstigen Preisofferten warf sie die amerikanische, französische, britische und westdeutsche Konkurrenz aus dem Rennen. Perus Regierung kaufte sowjetische Panzer und Artillerie und in der zweiten Hälfte der siebziger Jahre Hubschrauber, Jagdbomber, Luftabwehrraketen und Flugabwehrpanzer.

Hauptimporteure sowjetischer Waffen (nur Dritte-Welt-Länder)

	Millionen US-Dollar (in lfd. Preisen) 1964–1973	1974–1978
Irak	740	3 600
Libyen	125	3 400
Syrien	1 150	2 700
Ägypten	2 305	430
Indien	1 270	1 600
Algerien	280	1 200
Äthiopien		1 300
Kuba	310	675
Peru		650
Nordvietnam	2 090	330
Iran	440	310
Nordkorea	615	220
Gesamt	**9 325**	**16 415**
Sonstige	1 570	4 485

Quelle: US-ACDA

Waffen gegen Öl: Der Exportboom

Die beiden Großmächte USA und UdSSR orientierten ihre Rüstungsexport- und Militärhilfepolitik seit jeher an weltpolitischen Zielvorstellungen. Mit den Ölpreiserhöhungen seit etwa 1973 kam jedoch ein neues Element in die Rüstungstransferbeziehungen zwischen Dritte-Welt-Ländern und den großen Waffenexporteuren. Erstmals in der Geschichte des Waffenhandels seit dem Ende des Zweiten Weltkrieges verfügten einige Entwicklungsländer über bis dahin ungekannte Deviseneinkünfte aus den Ölexporten. Preisgünstige Lieferungen, Subventionen, Geschenke, günstige Kredite usw. spielten für den größten Teil ihrer Importe von nun an eine völlig nebensächliche Rolle. Waffen gegen Öl hieß die Devise. Der Waffenhandel wurde geradezu ein Instrument, um die Petrodollars der ölexportierenden Länder in die Banken der Industrieländer zurückzuschleusen. Der Rüstungsexport nahm sprunghaft zu.

In der Phase der durch die Ölpreiserhöhung mitverursachten weltwirtschaftlichen Krisen erlebte der Waffenhandel einen einmaligen Boom. Zweistellige jährliche Zuwachsraten – selbst bei Abzug der Inflationsrate – waren die Regel. 1971 betrug der Rüstungsimport der Entwicklungsländer 4,7 Milliarden US-Dollar; Anfang der achtziger Jahre erreichte er mit knapp 40 Milliarden einen Höhepunkt. Der Anteil der OPEC-Länder an den Rüstungsimporten der Entwicklungsländer lag vor der Ölpreiserhöhung bei rund 10 Prozent; bis Ende der siebziger Jahre war er auf ein Drittel gestiegen. Da zahlreiche OPEC-Länder im Krisengebiet Naher und Mittlerer Osten liegen, erhöhte sich der Importanteil dieser Region beträchtlich: Am weltweiten Rüstungsimport, also einschließlich der Transfers innerhalb der beiden großen Militärblöcke NATO und WVO, entfällt seit Ende der siebziger Jahre ein Anteil von fast 40 Prozent auf den Mittleren Osten. Ende der achtziger Jahre sank dieser Anteil wieder ein wenig.

Die militärischen Konflikte im Nahen und Mittleren Osten und die Verfügbarkeit harter Devisen aus dem Ölgeschäft eröffneten für viele Lieferfirmen und -länder bis dato nicht gekannte Exportmöglichkeiten. Nicht nur in den USA unter Nixon, sondern ebenfalls unter der sozialistischen Regierung in Frankreich, der konservativen Regierung in Großbritannien und der sozial-liberalen Regierung in der Bundesrepublik Deutschland wurden die Waffenexporte gefördert bzw. die

Kontrollen gelockert. Neben der UdSSR und der ČSSR profitierten vor allem diese vier Staaten vom Exportboom der siebziger Jahre, während die chinesischen Rüstungsexporte erst in den achtziger Jahren kräftig anstiegen. Aber auch Firmen aus Italien, der Schweiz und Schweden beteiligten sich – teils mit offener, teils mit versteckter Rückendeckung ihrer Regierungen – an dem einträglichen Geschäft, das in der weltwirtschaftlichen Krisensituation mit negativen Wachstumsraten Arbeitsplätze sichern und die Zahlungsbilanz verbessern sollte. Die Bundesrepublik stieg in dieser Zeit zum fünftgrößten Waffenexporteur der Welt auf.

Rüstungsexporte 1969–1978

Milliarden US-Dollar (in lfd. Preisen)

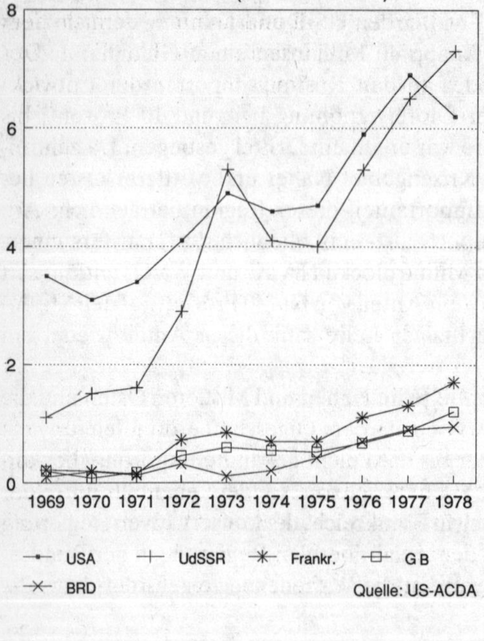

Quelle: US-ACDA

Gescheiterte Kontrollverhandlungen

Jimmy Carter, der Gerald Ford im Amt des US-Präsidenten folgte, ergriff in den Jahren 1977 und 1978 eine Verhandlungsinitiative zur Eindämmung der Waffenexporte in die Dritte Welt. Die Sowjetunion reagierte positiv. Es kam zu den sogenannten Conventional Arms Transfer Talks (CATT), den Verhandlungen zur Kontrolle des Transfers konventioneller Waffen. Einem Verhandlungserfolg allerdings standen der Carter-Regierung eine Vielzahl von Faktoren entgegen: Sie sah auch die Waffenlieferungen als eine Möglichkeit an, die USA aus einer direkten Konfrontation in der Dritten Welt herauszuhalten, ohne ihren Einfluß aufzugeben. Außenpolitische Zielvorstellungen und die zumindest teilweise moralisch begründete Zurückhaltung im Waffenexport standen nicht im Einklang miteinander. Für die UdSSR wiederum spielten mittlerweile wirtschaftliche Gewinne aus dem Rüstungsexport – ebenso wie für die kapitalistischen Länder – eine wichtige Rolle. Die Vergabepraxis der sowjetischen Militärhilfeprogramme hatte sich grundlegend verändert. Großzügige Kreditvergabe und Geschenke waren durch kommerzielle Verkäufe abgelöst worden. Selbst bei der massiven Versorgung Ägyptens mit modernen Waffen durch eine Luftbrücke während und unmittelbar nach dem sogenannten Yom-Kippur-Krieg 1973 insistierte die UdSSR auf sofortiger Zahlung. Die US-Central Intelligence Agency (CIA) schätzte, daß Waffenexporte Mitte der siebziger Jahre rund 10 Prozent des sowjetischen Exportes in Entwicklungsländer ausmachten.

Neben dieser widersprüchlichen Politik der Supermächte wirkte sich vor allem die wachsende Bedeutung anderer Lieferländer als Hindernis für wirksame Export-Kontrollen aus. Die westeuropäischen NATO-Länder, die in den sechziger Jahren im Waffengeschäft die Juniorpartner der USA waren, steigerten ihre Exporte beträchtlich. Während sich die UdSSR und die Vereinigten Staaten als weltpolitische Gegenspieler betrachteten und sich im Rüstungsexport selten als echte wirtschaftliche Konkurrenten gegenüberstanden, jagten westeuropäische Firmen (mit Unterstützung ihrer jeweiligen Regierungen) US-amerikanischen Firmen Marktanteile ab. Für regionale Märkte war die Aktivität der Westeuropäer dabei noch von größerer Bedeutung als für die globale Rüstungsexportentwicklung. Frankreich und Großbritannien, zum Teil auch die Bundesrepublik Deutschland, überrundeten die USA in Lateinamerika; auch die französischen Exporte in die früheren afrikanischen Kolonien sowie Rüstungsexporte aus den meisten westeuropäischen Ländern in die Golfregion (speziell in die kleineren Länder) erschwerten mögliche Kontrollabsprachen zwischen den beiden Großmächten. Ein relativ neuer Faktor kam hinzu: Einige Nachzügler (wie Israel, Brasilien, Argentinien, Südkorea, Taiwan, Südafrika, Indien, Singapur) mit teils neu aufgebauten Rüstungsindustrien bemühten sich erfolgreich um Marktanteile.

Schließlich und endlich waren auch die Waffenimporteure nicht die unschuldigen Opfer skrupelloser Geschäftemacher. Sie legten sich riesige Waffenarsenale zu – forciert durch die hohen Deviseneinnahmen aus dem Ölgeschäft –, um für Kriege und Konflikte mit Nachbarländern gewappnet zu sein, um ihre Macht gegen innenpolitische Gegner zu festigen und gesellschaftliche Spannungen kontrollieren zu können und zum Teil auch aus Prestigeüberlegungen. Die Eliten in Dritte-Welt-Ländern reagierten mit harscher Kritik auf den teils missionarischen Eifer zur Kontrolle des Waffenhandels mit der Dritten Welt. Wieso sollten sie keine Waffen bekommen, während die beiden großen Militärblöcke NATO und WVO auch in der Entspannungsphase weiter ungebremst gegeneinander rüsteten?

Präsident Carter verband mit der Ankündigung zu den CATT einseitige Exportbeschränkungen in den USA und gab der Hoffnung Ausdruck, mit den übrigen Hauptexportländern zu Vereinbarungen über qualitative und quantitative Begrenzungen zu kommen. Vorbilder für ein solches Exporteurkartell existierten bereits: so das COCOM zur Kontrolle militärisch relevanter Technologielieferungen in die WVO-Länder und auch der Londoner Suppliers Club, in dem sich die wichtigsten Produzentenländer informell zusammengeschlossen hatten, um die Verbreitung rüstungsrelevanter Kerntechnologie zu verhindern. Doch Carters Erwartungen wurden enttäuscht. Die Zurückhaltung auf amerikanischer Seite während der ersten Jahre seiner Regierungszeit und der ungebremste Exportboom bei den übrigen Hauptexporteuren spiegelt sich in den Wachstumsraten in der zweiten Hälfte der siebziger Jahre wider. Während die US-Rüstungsexporte stagnierten (inflationsbereinigt sogar fielen), verzeichneten Frankreich und die Bundesrepublik in dieser Fünf-Jahres-Periode Wachstumsraten von fast 100 Prozent, die UdSSR und Großbritannien lagen sogar noch weit darüber.

Aufgrund der offenkundigen Schwierigkeiten, zu globalen Lösungen zu kommen, machten die USA bei den Verhandlungen mit der

UdSSR den Vorschlag, regionale Beschränkungen festzulegen. Anstoß für diese Überlegung war die Existenz regionaler Rüstungswettläufe, so beispielsweise am Horn von Afrika, im südlichen Afrika, im Nahen und Mittleren Osten und auf dem indischen Subkontinent. Am Beispiel des Krieges zwischen Indien und Pakistan im Jahr 1965 war demonstriert worden, daß der Konflikt zwar durch den Stopp der Waffenzufuhr nicht beseitigt, wohl aber die unmittelbare Gewaltanwendung beendet werden kann. Die damaligen Hauptwaffenlieferanten USA und Großbritannien hatten gegen die verfeindeten Länder ein wirksames Embargo verhängt; der Krieg mußte binnen weniger Wochen beendet werden, weil den Kriegsparteien buchstäblich die Munition ausging.

Die Gespräche über die Einschränkung des konventionellen Rüstungstransfers zwischen den USA und der UdSSR im Jahre 1978 zeigten, wie schwierig verbindliche Absprachen über regionale Beschränkungen sind. Die US-Administration schlug als Verhandlungsgegenstand zunächst Lateinamerika und Afrika südlich der Sahara vor, da der Waffenexport beider Großmächte in diese Regionen nicht so bedeutend war. Die sowjetische Delegation war jedoch anfangs an regionalen Abkommen weniger interessiert; sie wollte zu völkerrechtlich verbindlichen Regeln kommen, anhand derer vor allem unterschieden werden sollte, ob die Rüstungslieferungen für Verteidigungszwecke eingesetzt werden würden oder ob mit ihnen das Territorium anderer Staaten verletzt werden könnte. Schließlich willigte die UdSSR ein, als Interimslösung spezifische Regionen zu behandeln, um dann anschließend zu weltweit anwendbaren Kriterien zu kommen. Nachdem in der dritten Verhandlungsrunde Lateinamerika und Afrika südlich der Sahara verhandelt worden waren, schlugen die Sowjets Ostasien (China, Südkorea) und den Persisch/Arabischen Golf vor. Zum damaligen Zeitpunkt normalisierten sich die Beziehungen der USA zu China; die US-Golfpolitik war durch die Instabilität des Schahregimes im Iran beeinträchtigt. Innerhalb der US-Administration kam es zwischen dem CATT-Delegationsleiter, Leslie Gelb, und dem damaligen Sicherheitsberater Zbigniew Brzezinski zu heftigen Kontroversen. Der Sowjetunion zu erlauben, einzelne, für die USA besonders bedeutsame Länder herauszupicken, war für Brzezinski völlig inakzeptabel. Er setzte sich mit dieser Position durch, und die amerikanische CATT-Delegation kündigte daraufhin den sowjetischen Verhandlungsteilnehmern an, sie werde die Gespräche abbrechen, wenn die Länder China, Südkorea und Iran auch nur erwähnt würden. Die Sowjetunion reagierte verärgert.

Schließlich wurden die Verhandlungen abgebrochen. US-amerikanische Beobachter resümierten, daß «bürokratische Konfusion, persönliche Rivalitäten, und taktische Fehler»[5], also inner-administrative Konflikte, letztlich zum Abbruch geführt hätten, das Scheitern sei aber aufgrund der generell schwierigen Situation vorauszusehen gewesen. Solange die Gespräche ein für die Außenpolitik der USA untergeordneter Faktor waren, durfte ungestört verhandelt werden. Als sich aber Ende der siebziger Jahre die Beziehungen zwischen den beiden Großmächten verschlechterten (Kritik am SALT-Abkommen in den USA) und die Sowjetunion in Afghanistan einmarschierte, war das Scheitern der Verhandlungen besiegelt. Auch die US-Rüstungsexporte wurden danach wieder großzügiger genehmigt.

Rüstungsbasar

Zu Beginn seiner Amtszeit Anfang der achtziger Jahre vollzog Präsident Reagan die erneute Wendung zu einer eindeutig offensiven Waffenexportstrategie. Die Reagan-Administration bestätigte offiziell, daß sie mit Rüstungsexporten die eigenen Rüstungsanstrengungen fördern wolle und den Waffenexport als legitimes und nützliches außenpolitisches Instrument betrachte. Noch bevor ein von Präsident Reagan angefordertes politisches Konzept zum Rüstungsexport vorlag, genehmigte er einige Exportaufträge, die von seinem Vorgänger Carter verzögert worden waren, so beispielsweise die Lieferung von AWACS-Flugzeugen an Saudi-Arabien.

Trotz dieser offensiven Exportförderungspolitik – nicht nur in den USA – stagnierte der Rüstungsexport. Nach dem boomartigen Anstieg in den siebziger Jahren pendelte sich der Export von Großwaffensystemen in die Dritte Welt auf dem Niveau von Ende der siebziger Jahre ein und erreichte im Durchschnitt jährlich knapp 23 Milliarden US-Dollar Umsatz. Der Gesamtrüstungsexport in die Dritte Welt betrug in den achtziger Jahren nach Auskunft der US Arms Control and Disarmament Agency jährlich rund 36 Milliarden Dollar, mit fallender Tendenz in den letzten Jahren. Auch der Golfkrieg, der für viele Länder zum einträglichen Geschäft wurde, führte insgesamt – mit

Ausnahme des Jahres 1987 – nicht zu einer Steigerung des Rüstungsexports.

Dieser Trend ist nicht auf Zurückhaltung oder Exportbeschränkungen in den Lieferländern oder auf Einsicht in die Notwendigkeit von Abrüstung in den Importländern zurückzuführen. Ausschlaggebend sind vielmehr im wesentlichen ökonomische Probleme. Angesichts der Schuldenkrise und sinkender Deviseneinnahmen aus dem Ölgeschäft mußten zahlreiche Dritte-Welt-Länder ihre Importe drosseln. Dazu gehören unter anderem Ägypten, Algerien, Argentinien, Chile, Ekuador, Indonesien, Libyen, Mosambik, Oman und Katar. In anderen Ländern gelang es, bestehende Konflikte zu entschärfen oder Kriege zu beenden, so daß Waffenimporte reduziert wurden – beispielsweise in Marokko und Äthiopien. Die Beendigung des Krieges zwischen Iran und Irak im Jahr 1988 schlägt sich in den oben genannten Zahlen noch nicht nieder.

Wie in den sechziger und siebziger Jahren waren die beiden Großmächte UdSSR und USA auch in dieser Dekade die Hauptrüstungsexporteure. Über ein Drittel aller Großwaffenexporte in die Dritte Welt stammte aus der UdSSR, knapp 30 Prozent aus den USA. Wenn auch diese beiden Länder den Waffenhandel nach wie vor dominieren, so ist ihr Anteil jedoch ständig gesunken, und es haben sich gewichtige Veränderungen in den Lieferbeziehungen ergeben. Von den traditionellen Lieferanten konnte in den siebziger und achtziger Jahren vor allem Frankreich seine Position auf dem Welt-Waffenmarkt ausbauen. Großbritanniens Anteil hat sich mit rund fünf bis sieben Prozent nicht wesentlich verändert. Als große Waffenlieferanten etablierten sich daneben vor allem die Bundesrepublik Deutschland und die Volksrepublik China.

Wichtiger als diese Verschiebungen war jedoch eine andere Entwicklung: das Auftauchen zusätzlicher Lieferanten seit dem Exportboom der siebziger Jahre. Neben europäischen Ländern wie Schweden, Schweiz, Österreich, verstärkt inzwischen auch Spanien und den WVO-Ländern Polen und ČSSR sind hier vor allem Brasilien und Israel zu nennen. Dadurch, daß immer mehr Staaten am Exportgeschäft beteiligt sind, hat sich die Struktur des weltweiten Waffenmarktes grundlegend geändert. Waffen werden angeboten wie auf einem großen Basar, auf dem jeder zahlungskräftige Kunde praktisch sämtliches konventionelles Gerät erhalten kann. Ein sichtbarer Ausdruck dieser Tendenz sind die immer häufiger durchgeführten Waffenmessen, die inzwischen nicht mehr nur in Nordamerika und den traditionellen Lieferländern Westeuropas stattfinden, sondern auch in der Dritten Welt – so in Chile, Malaysia, Singapur, Südkorea, Indonesien, Ägypten und Thailand.

Heute ist nicht mehr die Bereitschaft einiger weniger Lieferländer, sondern ausschließlich die Kaufkraft der Importeure entscheidend. Der Waffenhandel, der früher von einem Lieferkartell gesteuert war und zu einem Instrument der Ost-West-Auseinandersetzung in der Dritten Welt gemacht wurde, funktioniert damit primär nach kommerziellen weltwirtschaftlichen Prinzipien. Das Ergebnis dieser Situation sind zwei für die Kontrolle des Rüstungsexportes und für die Kriege in der Dritten Welt gravierende Tendenzen: Erstens machen sich nur wenige Länder in der Welt mit ihren Waffenkäufen von einem einzigen Lieferland abhängig. Sie haben ihre Einkaufsquellen diversifiziert, um möglichen Pressionen oder politischen Auflagen der großen Lieferländer entgegenwirken zu können. Die Kontrolle des Transfers wird damit immer schwieriger. Zweitens wird heute – anders als in den fünfziger und sechziger Jahren, als hauptsächlich ausgemusterte Rüstung in die Entwicklungsländer geliefert wurde – von den Ländern, die zahlen können, das modernste Gerät gekauft.

Die Ursachen für diese marktartige, von politischen und völkerrechtlichen Kriterien kaum berührte Situation sind vielfältig. Der Hauptgrund jedoch ist wirtschaftliches Kalkül in den Exportländern. Die Entwicklung und Produktion moderner Waffen wird immer aufwendiger; mit Ausnahme der USA und der UdSSR kann kein Land der Welt die gesamte Palette moderner Waffensysteme alleine entwickeln und produzieren. Dennoch wird dieses Ziel in zahlreichen Ländern verfolgt. Diese Politik hat vor allem in Westeuropa zum Aufbau erheblicher Überkapazitäten geführt. Rüstungsfirmen, die mit einer zyklischen Unterauslastung ihrer Kapazitäten konfrontiert sind, versuchen einen Ausgleich im Export zu finden. In diesem Bemühen werden sie von ihren Regierungen ermuntert und gefördert. Am drastischsten wird dies durch die französische Rüstungsindustrie demonstriert, die zu einem beträchtlichen Anteil von den Kriegen in der Welt lebt. Fast drei Viertel der Rüstungsexporte Frankreichs ging in den Mittleren Osten, ein Fünftel allein an den kriegführenden Irak. Der Außenminister ist bei seinen diplomatischen Kontakten zu einem Werbemanager der Rüstungsindustrie geworden. Mit ideologischen Überhöhungen legitimierte der frühere sozialistische Verteidigungsminister Hernu diesen Zustand und behauptete, Frankreich wolle ihm freundlich gesonnene Länder nicht einfach dem Einfluß der Großmächte überlassen.

Für eine Kontrolle des Rüstungstransfers hat die Geschäftemacherei der Firmen, die in den meisten westeuropäischen Ländern aktiv von den Regierungen unterstützt wird, denkbar schlechte Konsequenzen. Die Erwartung, «wenn wir nicht liefern, dann liefern die anderen», hat sich in den achtziger Jahren als sich selbst erfüllende Prognose erwiesen. Kontrollabsprachen – wie noch Ende der siebziger Jahre von Präsident Carter vorgeschlagen – sind heute schwieriger denn je.

2. Öl ins Feuer des Golfkrieges

Alles, was Rang und Namen hat, lieferte Waffen

Acht Jahre dauerte der Krieg zwischen Irak und Iran. Die vordergründigen Motive für die Auseinandersetzung, der Streit um Öllieferungen, der Kampf um umstrittene Territorien und die religiösen Meinungsverschiedenheiten verdeckten die Tatsache, daß es in Wirklichkeit ein alter Konflikt ist: Neu sind die Kontrahenten – alt ist der Kampf um die Hegemonie am Golf, der von den einen der Arabische und von den anderen der Persische genannt wird. Während der gesamten Dauer des Krieges bemühten sich die Vereinten Nationen, die Europäische Gemeinschaft, die Westeuropäische Union, die Arabische Liga, der Golf-Kooperationsrat, andere internationale Gremien und einzelne Regierungen um einen Waffenstillstand. Dennoch dauerte der Krieg, in unverminderter Härte mit Giftgaseinsatz und Städtebombardements ausgetragen, länger als der Zweite Weltkrieg. Bedenkenlos wurden Menschen einer größenwahnsinnigen Politik geopfert. Die Zahl der Toten, Verletzten und der Flüchtlinge ist nur zu schätzen: fast eine Million Tote und ebenso viele verletzte und verkrüppelte Menschen. Trotz dieser grausamen Folgen mangelte es den Konfliktparteien nicht an Waffen und Munition. Im Gegenteil, je länger sich der Konflikt hinzog, desto besser wurde die Bewaffnung auf beiden Seiten. Aus dem Schießkrieg mit Artillerie und Panzern wurde ein Zerstörungswettlauf mit Raketen.

Bevor der Irak 1980 den Krieg begann, war die Sowjetunion Hauptwaffenlieferant des Irak. Rund 85 Prozent aller Großwaffen stammten aus der UdSSR. Doch die irakische Führung war keineswegs zufrieden mit dieser Situation. Regierungschef Saddam Hussein sagte unmittelbar vor Kriegsbeginn: «Die Ausrüstung unserer Armee hängt im wesentlichen von der Sowjetunion ab... Indem wir diese historische Wahrheit offen aussprechen, wollen wir niemanden kritisieren oder nach Rechtfertigungen suchen. Wir wollen nur eine historische Wahrheit ans Licht bringen und die Verantwortung dafür in einen allgemeinen Zusammenhang rücken.»[6] Intensiv bemühten sich die

Iraker um Lieferungen aus anderen Ländern. Erfolgreich waren sie vor allem in Frankreich. Die französische Rüstungsindustrie war schon vor dem Krieg der zweitwichtigste Lieferant gewesen und baute diese Position während des Krieges weiter aus. Bereits an dritter Stelle folgte zu Beginn des Krieges – nach Angaben der US-Regierung – die Industrie aus der Bundesrepublik Deutschland. Daneben spielten Firmen aus Großbritannien, Italien, Brasilien und Spanien eine Rolle; ihre Lieferungen waren zwar zunächst von untergeordneter Bedeutung, wurden jedoch im Verlaufe des Krieges immer wichtiger.

Der Irak begann die Auseinandersetzung mit einer gut gerüsteten Armee: 2000 Panzer, 130 Selbstfahrlafetten, 800 Artillerie- und 1200 Flakgeschütze, 200 Hubschrauber, zwölf Überschallbomber, vier Jagdbomberstaffeln mit sowjetischen MiG 23 und MiG 27 konnten in die Schlacht geworfen werden. Eine Marine existierte allerdings kaum, und bei der Luftwaffe bestanden Probleme in der Ersatzteilversorgung, denn die UdSSR lieferte nur geringe Vorräte. Schwierig wurde die Lage, als die UdSSR in den ersten achtzehn Kriegsmonaten wichtige Waffen- und Ersatzteillieferungen verweigerte. Doch der Irak erhielt gepanzerte Mannschaftswagen, Kleinwaffen und Munition aus der ČSSR, gepanzerte Mannschaftswagen ebenfalls aus Ungarn und Polen, Lastkraftwagen aus Rumänien und andere sowjetische Waffen vor allem aus Ägypten und Nordkorea.

Anders die Situation im Iran: Mit riesigen Rüstungsprogrammen hatte der Schah in den siebziger Jahren die iranische Armee modernisiert. Der Irak hatte erst ab Mitte des Jahrzehnts als Reaktion hierauf mit seiner Nachrüstung begonnen. Bis zum Sturz des Schah 1979 war der Iran der größte Auslandskunde der USA. Moderne Kampfflugzeuge (F-14 Tomcat), Lenkflugkörper (AIM-54A Phoenix), Hubschrauber (Cobra) und moderne Elektronik aus den USA, britische Chieftain-Panzer und Kriegsschiffe, Kleinwaffen und Munition, mit Know-how aus der Bundesrepublik Deutschland im Iran hergestellt, belasteten den Haushalt des Iran in den letzten Jahren der Schah-Regierung jährlich mit rund 13 Milliarden US-Dollar – mehr als jedes NATO-Land (mit Ausnahme der USA) zum damaligen Zeitpunkt für Waffenbeschaffung aufwendete.

Bei Kriegsbeginn allerdings befand sich die iranische Armee in einem desolaten Zustand, und dies war ein Hauptgrund für den Irak, in Erwartung eines schnell zu gewinnenden Blitzkrieges, den Konflikt vom Zaun zu brechen. Nachdem das Khomeini-Regime seine Macht gefestigt hatte, waren mehr als 10000 Offiziere getötet worden; zahlreiche Militärangehörige desertierten. Die vom Schah vererbte Militärmaschinerie war ein Trümmerhaufen, und das von den USA noch unter Carter ausgesprochene Waffen- und Ersatzteilembargo legte die einst modern ausgerüstete Luftwaffe weitgehend lahm. Der Iran importierte nur noch geringe Mengen Waffen, während die irakischen Importe auf Hochtouren liefen.

Nachdem die Aufrüstung der Kontrahenten am Golf in den siebziger Jahren hauptsächlich auf den Waffenlieferungen der beiden Großmächte beruht hatten, änderten sich die Lieferbeziehungen während des Krieges grundlegend. Fast alle Regierungen, die in öffentlichen Erklärungen die beiden verfeindeten Länder zur Einsicht bringen wollten, trugen gleichzeitig mit ihren Waffenlieferungen zur Fortsetzung der militärischen Auseinandersetzungen bei. Zyniker konnten angesichts der Versuche der Reagan-Regierung im Jahr 1987, die Mitglieder des Weltsicherheitsrates für ein Waffenembargo zu interessieren, vermutlich nur hämisch lachen. Schließlich stammte weit mehr als die Hälfte der Kriegsarsenale von den ständigen Mitgliedern des UNO-Sicherheitsrates: VR China, UdSSR, Frankreich, Großbritannien und USA. Die Bundesrepublik, die sich im Sommer 1987, als sie den Vorsitz im Weltsicherheitsrat führte, aktiv um eine Konfliktbeilegung bemühte, wurde von der amerikanischen Rüstungskontroll- und Abrüstungsbehörde (ACDA) für die Zeit von 1982 bis 1986 mit Rüstungslieferungen im Wert von 625 Millionen Dollar als einer der Großlieferanten des Irak identifiziert.

Mit chinesischen Silkworm-Raketen wurde auf die Öltanker der arabischen Zahlmeister des Irak geschossen. Französische Minensucher fischten die eigenen Minen aus dem Golf. Österreichische Kanonen schossen auf westeuropäische Flugzeuge. Sowjetische MiG- und französische Mirage-Kampfflugzeuge der irakischen Luftwaffe beschossen iranische Ölplattformen und Tanker. Mit Super-Entendard-Flugzeugen – leihweise dem Irak überlassen –, mit modernstem Radar und zielgenauen Magic-Raketen bestückt, ermöglichte Frankreich den sogenannten Tankerkrieg und gefährdete damit die für Westeuropa und Japan wichtigen Ölzufuhren, die wiederum durch einige Dutzend US-Kriegsschiffe gesichert werden sollten. Angeblich «zivile» Hubschrauber aus der Bundesrepublik und den USA, italienische Fregatten und Korvetten, argentinische Erdkampfflugzeuge, chilenische

Waffenimporte Iran / Irak (nur Großwaffen)

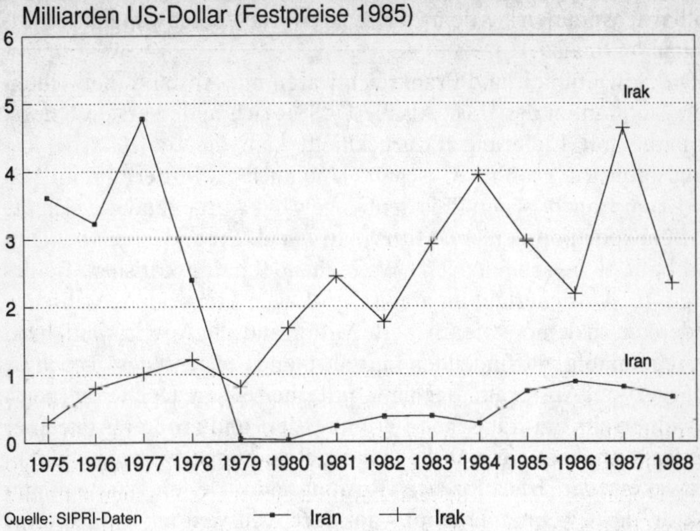

Quelle: SIPRI-Daten

Streubomben, ägyptische Trainingsflugzeuge auf seiten Iraks, chinesische Kampf- und Schweizer Trainingsflugzeuge, britische Versorgungsschiffe im Verbund mit schwedischen Schnellbooten, österreichische Panzerwagen und italienische Minen in der Hand iranischer Revolutionäre verhinderten ein schnelles Ende des Krieges.

Merkwürdige Kooperationen zwischen verschiedenen Exportländern kamen bei der Versorgung der Kriegsgegner mit Waffen zustande. So wurde über Dreieckskooperationen zwischen Firmen aus Großbritannien, Österreich und Polen beim Bau einer Munitionsfabrik berichtet. US-amerikanische, britische und österreichische Rüstung fand über Jordanien den Weg an die irakische Front. Und als im März 1983 ein sowjetischer Mi-8-Hubschrauber in Italien abstürzte, erfuhr die Öffentlichkeit, daß es nur einer von mehreren Hundert war, die in Italien mit moderner Technologie, die nur in NATO-Ländern verfügbar war, für den Irak umgerüstet wurden. Einige Länder, die sonst erbitterte Feinde sind, fanden sich als zuverlässige Lieferanten des Krieges: Taiwan und die Volksrepublik China, Nord- und Südkorea, Indien und Pakistan, Israel und Syrien. Aus über 50 Ländern, zum Teil auf illegalen Wegen und ohne Wissen der Regierungen, sind Waffen und anderes kriegsrelevantes Gerät geliefert worden. Mit Milliardensummen aus dem Ölgeschäft wurde der schwunghafte Waffenhandel finanziert.

Die Sowjetunion und Frankreich waren mit Abstand die wichtigsten Lieferanten des Irak. Als die UdSSR sich in den ersten Kriegsmonaten mit Lieferungen zurückhielt, kam die französische Rüstungsindustrie groß ins Geschäft. Und auch als Mitterrand im Mai 1981 zum französischen Präsidenten gewählt wurde, änderte sich die Waffenexportpolitik nicht. Mitterrand war als Freund Israels bekannt und hatte den «schmutzigen» Waffenhandel heftig kritisiert. Beides sorgte für Unsicherheit im arabischen Lager. Um seine moralischen Bedenken zu demonstrieren, hatte Mitterrand alle Angriffswaffen bei der regelmäßig stattfindenden Luftfahrt- und Luftrüstungsschau in Le Bourget vom Ausstellungsgelände entfernen lassen. Doch Frankreich war einerseits am irakischen Öl interessiert und größter Abnehmer des Irak, andererseits war die von der Regierung gewünschte Unabhängigkeit der französischen Rüstungsindustrie ein strategischer Faktor, der – wenn überhaupt – nur durch Ausweitung des Exportes zu erreichen war. Beschränkungen im Waffenexport hätten für die französische Zahlungsbilanz und die Rüstungsindustrie gravierende Folgen gehabt. Von Regierungswechseln unberührt lief der Waffenexport in den Irak auf Hochtouren und sowohl die sozialistische als auch später die konservative französische Regierung machte keinen Hehl daraus, daß sie für den nötigen Waffennachschub sorgen werde.

Die Sowjetunion war zwar Hauptlieferant des Irak, doch sie offerierte vom ersten Tage des Krieges an auch dem Iran Waffen und versorgte die iranische Armee mit Treibstoff, Munition, Panzermotoren und Artilleriegeschossen. Sie tat dies nicht, weil sie das Khomeini-Regime besonders schätzte. Religiöser Fanatismus behagte der Sowjetunion nicht. In sowjetischen Augen erfüllt die Teheraner Regierung allerdings zwei Minimalkriterien: Sie war eine zentralistisch organisierte Regierung, die für Ordnung im Inneren des Landes an der Grenze zur Sowjetunion sorgte (wenn auch unter anderem zu Lasten der iranischen Kommunisten), und sie nahm eine anti-amerikanische Haltung ein. Der Sowjetunion war vor allem aber daran gelegen, einen schnellen Sieg des Irak zu verhindern. Erst ab Mitte 1982 nahm die UdSSR wieder Waffenlieferungen in großem Umfang an den Irak auf. Die Blitzkriegerfolge waren ausgeblieben; die iranische Luftwaffe hatte sich trotz fehlenden Nachschubs aus den USA als leistungsfähiger als die irakische erwiesen. Der Krieg war zu einem Zermürbungskrieg erstarrt und die Iraker gerieten in die Defensive. Als die Iraner den Krieg zu gewinnen schienen, schwenkten die Sowjets um und lieferten wieder an den Irak. Beide Länder, Frankreich und die Sowjetunion, exportierten moderne Kampfflugzeuge, schwere Kampfpanzer, unterschiedliche Versionen zielgenauer Raketen.

Auch China, das insgesamt Platz drei unter den Kriegslieferanten einnahm, wurde zur verläßlichen Stütze der iranischen Armee. Mehr als 50 Prozent der schweren Waffen für den Iran stammten aus China. Gleichzeitig aber ließ China sich nicht das Geschäft mit dem Irak entgehen. Drei Viertel seiner Waffenlieferungen für den Krieg gingen an den Irak.

Die USA waren mit dem Sturz des Schah zunächst aus dem Geschäft und lieferten erst später wieder – vor allem illegal.

Vor Polen, Rumänien, Italien und der ČSSR rangierte nach Auskunft der amerikanischen ACDA als fünftgrößter Waffenlieferant die Bundesrepublik Deutschland. Dennoch hält die Bundesregierung trotz überwältigender Gegenbeweise an der offiziellen Version fest, sie habe keine Waffen geliefert. Im Bundestagsprotokoll sind die Äußerungen von Bundesaußenminister Hans-Dietrich Genscher nachzulesen, in denen er auf die weiße Weste der Deutschen und die Schuld der anderen hinweist: «Die Bundesregierung hat, wie es ihrer Rüstungsexportpolitik seit eh und je entspricht, dafür Sorge getragen, daß aus unserem Lande in die kriegführenden Länder keine Waffen exportiert werden. Das muß hier klar und eindeutig festgestellt werden. (Jungmann, SPD: Und Rüstungsgüter, Herr Minister?) Das ändert nichts daran, daß dieser Krieg mit den zur Verfügung stehenden, mit den von anderen Ländern gelieferten Waffen geführt wird und daß diejenigen, die Waffen liefern, diese Waffen den kriegführenden Staaten aus ganz unterschiedlichen Motiven zur Verfügung stellen.»[7]

Kritisch fragenden Parlamentariern entgegnete die Bundesregierung, bei den Lieferungen von Bo-105-Hubschraubern von MBB für den Irak handele es sich um «Zivilversionen», die keiner Ausfuhrgenehmigung bedürfen. In Wirklichkeit waren die «zivilen» Hubschrauber, in Spanien in Lizenz und mit Kooperation von MBB gebaut, in

DIE HAUPTRÜSTUNGSLIEFERANTEN
(in Millionen U.S.-Dollar zu laufenden Preisen)

	Iran		Irak	
	1978–82	1982–86	1978–82	1982–86
1. UdSSR	1 000	240	6 500	15 300
2. Frankreich	140	40	1 800	4 500
3. V. R. China	50	1 200	490	3 300
4. USA	3 100	10	0[a]	0[a]
5. BRD	120	0[a]	240	625
6. Polen	–	20	380	525
7. Rumänien	40	k. A.	825	k. A.
8. G.B.	230	80	220	70
9. Italien	350	k. A.	240	k. A.
10. ČSSR	–	30	30	410
11. Sonstige	1 670	6 785	2 875	7 010
Gesamt	**6 700**	**8 405**	**13 600**	**31 740**

Quelle: US-ACDA
a = nicht sämtliche inzwischen bekanntgewordenen Lieferungen über Umwege und illegal ausgeführte Aufträge sind enthalten.
k.A. = keine Angabe

Österreich mit moderner Elektronik ausgerüstet und mit Schweizer Schnellfeuergewehren bestückt worden. Die Regierung erklärte sich für nicht zuständig. Vom Exporterfolg mit Hubschraubern angestachelt, beantragte MBB die Genehmigung für die Lieferung von 12 Transall-Transportflugzeugen an den Iran. Warum nicht auf beiden Seiten des Krieges verdienen? Doch die Bundesregierung versagte die Genehmigung. War dieses Geschäft zu offensichtlich kriegsbedingt, so machte sie für Lastkraftwagen und Pioniergerät geltend, es handele sich um zivile Produkte. 1982/83 lieferte Daimler-Benz mehrere Tausend für den Nachschub des Irak wichtige schwere Transportlader und schlug damit französische Konkurrenten aus dem Rennen.

Auch mit dem Iran kamen bundesdeutsche Firmen ins Geschäft. So lieferte die bundeseigene Firma Fritz Werner wichtige Maschinen für iranische Waffenfabriken. Angeblich handelte es sich nur um «Ersatzteile und Verschleißteile für Maschinen und Industrieausrüstung»*, behauptete die Bundesregierung. Daß die Exporte für das ehemalige kaiserliche Arsenal bestimmt waren, in dem Kleinwaffen produziert werden, wurde dabei anscheinend außer acht gelassen. In unrühmlicher deutscher Tradition reicht die Kooperation Fritz Werners mit dem Iran bis in die Nazizeit zurück.

Hinter der Position, «zivile» Produkte zu liefern, die das Stigma, Kriegslieferant zu sein, nur schlecht kaschieren kann, verschanzten sich auch andere Regierungen – so beispielsweise beim Export von Patrouillenbooten die schwedische Regierung, deren ehemaliger Ministerpräsident, Olof Palme, im Auftrag der UNO eine Friedensmission in der kriegsgeschüttelten Region unternahm.

Illegale Geschäfte – verschlungene Wege

Die Versorgung der beiden Kriegsparteien funktionierte nicht nach dem gleichen Muster. Während die irakischen Importe wie geschmiert liefen, begegnete man in Ost und West den iranischen Waffenwünschen mit gewissen Reserven. Iranische Einkäufer, von Regierungen weniger großzügig behandelt als die irakischen Kollegen, wandten sich an Mittelsmänner und private Waffenhändler. Sie zahlten mehr, hatten aber offensichtlich keine unüberwindlichen Schwierigkeiten, genügend Kriegsmaterial zu importieren. Die Wege sind oft verschlungen und nicht immer nachzuzeichnen; bewußt wurden Desinformationen lanciert, um die Herkunft der Waffen zu verschleiern. Häufig wurden illegal oder legal erworbene Waffen aus den USA und Westeuropa (nicht immer ohne Kenntnis der Regierungen) über Österreich transportiert, dort umgepackt und neu deklariert, um schließlich über Jugoslawien per Luft- oder Landweg nach Teheran zu gelangen.

Insgesamt lief die Versorgung der iranischen Armee nach folgen-

* Diese Angabe ist nachweislich falsch. Der SPD-Abgeordnete Gansel vermutet in einer Presseerklärung vom 29. Juli 1987, daß entweder das Parlament in dieser Angelegenheit vom Auswärtigen Amt belogen wurde oder aber das zuständige Wirtschaftsministerium das Auswärtige Amt falsch informierte.

dem Muster ab: Aus der Vorkriegszeit verfügte der Iran über eigene Fabriken für die Herstellung von Munition und Kleinwaffen, die mit Lizenzen und technischer Unterstützung aus der Bundesrepublik Deutschland, den USA und Großbritannien aufgebaut worden waren. China, Nordkorea und die Sowjetunion, zu Kriegsbeginn und abermals kurz vor Kriegsende wieder, belieferten den Iran direkt. Sowjetische Waffen gelangten außerdem über den Umweg Nordkorea, Syrien, ČSSR und Libyen in den Iran. Der große Bestand amerikanischer Waffen, noch zur Zeit des Schah importiert, war zwar nicht mehr komplett funktionstüchtig. Doch mit Ersatzteilen aus Westeuropa, Israel und Taiwan wurde ein Teil der Waffen einsatzfähig gehalten. Besonders Israel erwies sich als wichtiger Kooperationspartner, amerikanische Waffen kriegsfertig zu machen. Schließlich lieferten zahlreiche Länder (so Großbritannien, Schweden, Schweiz, die Bundesrepublik Deutschland, aber auch die Entwicklungsländer Algerien, Argentinien, Mexiko, Vietnam, die Türkei und andere) Logistik und Geräte für die militärische Infrastruktur.

Eine riesige illegale Nachschuboperation erfolgte, von amerikanischen Regierungsbeamten organisiert und unter dem Namen «Irangate» in die Geschichte eingegangen, Mitte der achtziger Jahre. Die Lieferungen im Wert von mindestens 650 Millionen US-Dollar enthielten nach vorsichtigen Schätzungen 10000 bis 12000 TOW-Panzerabwehrraketen, 200 Phoenix-Raketen, 246 HAWK-Raketensysteme und vor allem Ersatzteile, Avionik, Elektronik und Motoren, mit denen ein Teil der von den USA früher gelieferten Luftrüstung wieder einsatzbereit gemacht werden konnte. Das militärische Gleichgewicht verschob sich durch diese Lieferungen und durch die schwedischen RBS-70-Raketen, die über Umwege in das Kriegsgebiet gelangt waren, zugunsten des Iran. Zahlreiche sowjetische Flugzeuge des Irak wurden während der Winteroffensive 1986/87 abgeschossen, nachdem die Iraner ihre Luftabwehr mit der amerikanischen und schwedischen Lieferung verbessert hatten.

Obwohl das Regime im Iran erklärter Gegner Israels ist, lieferte auch der jüdische Staat in geheimen Operationen für mehrere Hundert Millionen Dollar. Nicht nur die Geschäftsinteressen israelischer Firmen waren dafür ausschlaggebend; die Regierung war darauf bedacht, auf keinen Fall den Irak zur Führungsmacht am Golf und im arabischen Lager werden zu lassen. Computergestützte Feuerleitsysteme aus Israel tauchten in chinesischen Waffen im Iran auf.

Auch die Europäer verstanden sich auf die Abwicklung großangelegter illegaler Geschäfte: Der für den Schießkrieg am Golf besonders wichtige Nachschub mit Munition wurde zum Teil mit kartellmäßigen Absprachen über den sogenannten «Sprengstoffclub», die European Association for the Study of Safety Problems in Production and Use of Propellant Powders, organisiert. Schwedische Zollfahnder setzten ein Puzzle zusammen, das belegt, daß praktisch alle wichtigen westeuropäischen Munitionshersteller im Kartell organisiert waren und nicht nur illegal lieferten, sondern außerdem in Form von Frühstückskartellabsprachen den Markt aufteilten und Preise vereinbarten. Der Verkaufsleiter des schwedischen Rüstungskonzerns Bofors, auf die dunklen Geschäfte angesprochen, meinte: «Die Aufgabe der Industrie ist es zu produzieren, zu verkaufen und Geschäfte zu machen. Die Aufgabe der Behörden ist es, die Geschäfte zu kontrollieren. Das führt zu einer Arbeitsteilung. Man kann sagen, daß für die Ethik, die Moral die Regierung zuständig ist. Die Geschäfte dagegen werden von den Unternehmen gemacht. Es ist nicht Aufgabe der Industrie, moralische Entscheidungen zu treffen. Die moralischen Entscheidungen müssen von den Behörden getroffen werden.»[8] An dieses Motto

Der Sprengstoffclub

Firma	Land
Dynamit Nobel AG	Bundesrepublik
FDSP	Jugoslawien
Forcit Oy	Finnland
IRT	Spanien
Kemira Oy	Finnland
Muiden Chemie	Niederlande
Nobel Explosives	Großbritannien
Nobel Kemi (ex Bofors Nobelkrut)	Schweden
PRB	Belgien
Raufoss	Norwegen
Rio Tinto	Spanien
SNPE	Frankreich
Vinnis	Italien
WNC-Nitrochemie	Bundesrepublik

Quelle: Die Zeit, 6. November 1987

hielten sich auch die bundesdeutsche Dynamit Nobel AG, die damals zum kriegserfahrenen Flick-Konzern gehörte, und ihre fünfzigprozentige Tochtergesellschaft Muiden Chemie aus den Niederlanden sowie – als weiterer westdeutscher Munitionslieferant – die Firma WNC Nitrochemie.

In den Niederlanden wurde – nach Ende des Golfkrieges – Muiden Chemie wegen illegaler Lieferungen an den Iran zu einer Geldstrafe von 2,67 Millionen Mark verurteilt. In der Bundesrepublik Deutschland dagegen reagierte die Regierung, wie meistens, mit Beteuerungen ihrer Unkenntnis. Am 1. Februar 1988 fragte der SPD-Abgeordnete Wimmer nach den Lieferungen von Dynamit Nobel und WNC Nitrochemie an den Iran und Irak. Die Antwort der Bundesregierung: «Es trifft nicht zu, daß für militärische Zwecke besonders zusammengesetzte Sprengstoffe und Zünder aus der Bundesrepublik Deutschland in den Iran, beziehungsweise in den Irak geliefert wurden.»[9] Natürlich lieferten die Firmen nicht direkt, sondern schlossen «Dreiecksgeschäfte» ab, um den wirklichen Bestimmungsort zu verschleiern. Pro forma wurde die Munition dabei zunächst an einen unverfänglichen Abnehmer geliefert. Erst von dort trat sie ihren Weg ins Kriegsgebiet an. Der Journalist Jürgen Roth, der die schwedischen Zollakten analysierte, kommt zu dem Schluß: «Die Ausfuhrgenehmigungen aus Eschborn (Bundesamt für Wirtschaft, H. W.) lagen vor. Wie sie zustande kamen, das interessierte die Staatsanwaltschaft nicht... Bei der Verfolgung von Waffen- und Sprengstoffschiebereien ist man froh, wenn es zu keinen politischen Komplikationen kommt. Das Auswärtige Amt denkt nicht daran, die guten Beziehungen zwischen dem Iran und der Bundesrepublik zu gefährden.»[10]

Als der Irak 1984 Giftgas einsetzte, gerieten westdeutsche Firmen unter Verdacht. Die Firma Karl Kolb hatte ein Werk geliefert, das für die Herstellung von Pestiziden, aber auch von chemischen Kampfstoffen geeignet ist. Fachleuten war klar, daß der Irak während des Krieges keine zusätzlichen Pestizide benötigte; die Beweise für die Giftgasproduktion im Irak wurden immer erdrückender. Bis heute jedoch konnte der Firma Kolb keine illegale Ausfuhr nachgewiesen werden, denn erst nach Bekanntwerden der Beteiligung westdeutscher Firmen wurde aufgrund einer Initiative des Europa-Parlaments die Ausfuhr wichtiger chemischer Produkte, die als Vorstufe der Produktion chemischer Kampfstoffe dienen könnten, und entsprechender Produktionsanlagen genehmigungspflichtig. Nach den damals bestehenden Ausfuhrrichtlinien unterlagen nur «besonders konstruierte Ausrüstungen» für die Herstellung von Giftkampfstoffen der Genehmigungserfordernis.

Während des acht Jahre dauernden Krieges griffen die öffentlichen Kontrollen, besonders in Westeuropa, immer weniger, weil die Firmen immer neue Schleichwege nutzten. Aber es fehlte bei einigen Regierungen auch an ernsthaften Versuchen, den Handel zu unterbinden. Meistens wurden schärfere Kontrollen erst dann angekündigt, wenn durch öffentliche Kenntnis erneuter Skandale die Regierungen unter Druck gerieten, und oft geschah dies nur zur Beruhigung der Öffentlichkeit.

Leo Tindemans, der Ratspräsident der Europäischen Gemeinschaften, unterstrich 1987 die «strikte Neutralität» der EG-Staaten im Golfkrieg. Die Ministertagung der Europäischen Politischen Zusammenarbeit forderte zur gleichen Zeit «ein Höchstmaß an Zurückhaltung». Große politische Worte waren auf der internationalen Bühne zu hören! Wie aber sah die Praxis aus? Bei neun von zwölf EG-Mitgliedsländern ist bekannt, daß sie beide Kriegsparteien belieferten: Frankreich, Großbritannien, Bundesrepublik Deutschland, Italien, Spanien, Niederlande, Portugal, Griechenland und Belgien. Dänemark lieferte an den Iran; außerdem transportierten dänische Schiffe Waffen ins Kriegsgebiet. Der belgische Hafen Seebrügge wurde zu einem wichtigen Knotenpunkt für den internationalen Waffenhandel mit dem Iran. In London unterhielten die Iraner eine Waffeneinkaufszentrale. Ist das die Politik der «strikten Neutralität» und der «Zurückhaltung» der Länder der Europäischen Gemeinschaft?

Doch die verantwortlichen EG-Politiker befinden sich in «guter» Gesellschaft. Auch die «neutralen» Staaten Österreich, Schweden und die Schweiz lieferten an beide Seiten. Die USA hielten es ebenso. Auch Indiens staatliche Rüstungsindustrie soll an beide Kontrahenten geliefert haben. Die Warschauer Vertragsstaaten waren mit der UdSSR, der ČSSR, Polen, Rumänien, Bulgarien, Ungarn und der DDR komplett an beiden Fronten vertreten, ebenso wie China, Brasilien, Argentinien, Chile, Nordkorea, Pakistan, Südafrika und Äthiopien. Einige dieser Länder lieferten jedoch nur in begrenztem Umfang. Das Hauptproblem für manche Lieferfirmen scheint während des Krieges darin bestanden zu haben, ein Treffen irakischer und iranischer Einkäufer auf dem Fabrikgelände zu vermeiden.

Viele Regierungen sprachen mit gespaltener Zunge, wenn es um den Krieg am Golf ging. «Wenn ein neutraler Kleinstaat ja sagt zum Heer», ließ der Verteidigungsminister Österreichs verlauten, «muß er auch ja sagen zur Rüstungsproduktion. Und wenn er ja sagt zur Rüstungsproduktion, muß er auch ja sagen zum Rüstungsexport.»[11] Österreichische Politiker waren im September 1987 froh, daß die internationale Aufmerksamkeit rasch von dem Waffenskandal der staatseigenen Kanonenfabrik Voest, die Kanonen illegal über Libyen in den Iran geliefert haben soll, auf Italien gelenkt wurde, wo einige Manager einer Minenfabrik wegen illegaler Lieferungen verhaftet wurden. Im November 1987 geriet dann der ehemalige französische Verteidigungsminister Charles Hernu ins Kreuzfeuer der Kritik, weil er von illegalen Waffengeschäften wußte und sie nicht unterband.

Ein Jahr zuvor hatte die britische Firma Plessey die Exportgenehmigung für Radaranlagen erhalten, weil die Geräte – so versprach es die iranische Regierung – nur an Irans Grenzen zur Sowjetunion und Afghanistan installiert, nicht aber im Krieg eingesetzt würden. «Wir haben Diplomaten in Teheran», meinte scheinheilig das Verteidigungsministerium in London, «die diese Dinge überprüfen können.»[12]

Diese Beispiele ließen sich fortsetzen. In der UNO für einen Waffenstillstand einzutreten und gleichzeitig dubiose Geschäfte abzuwickeln, scheint sich in der Welt der Kriege und Konflikte nicht auszuschließen.

Motive: Geschäft und Geopolitik

Geschäftsinteressen sind in den meisten Ländern der wichtigste Grund, die Praxis der Waffenlieferungen nicht den eigenen hehren politischen Prinzipien anzupassen. In einer Zeit, da der weltweite Rüstungshandel erstmals seit Ende des Zweiten Weltkriegs rückläufig war, bedeutete der Golfkrieg für manche Firma einen willkommenen Aufschwung. Der Irak wurde die Nummer eins unter den Waffenimporteuren der Welt.

Für *Frankreich* war vor allem das Geschäft Waffen gegen Öl ausschlaggebend. Über ein Viertel aller französischen Rüstungsexporte ging zwischen 1981 und 1985 an den Irak. Aber auch die Drohungen des Iran, die Franzosen für die Waffenlieferungen an den Irak zu bestrafen, verfehlten ihre Wirkung nicht. Um französische Geiseln im Libanon zu schützen und Terroranschläge in Paris zu beenden, ließ sich Frankreich auf geheime Waffengeschäfte mit dem Iran ein. Eine Verringerung oder Einstellung des Waffenexportes an den Irak schien nicht möglich. Ein Manager des großen Rüstungskonzerns Thomson-CSF beschrieb in aller Offenheit die französische Position eines Kriegsgewinnlers: «Wir können es uns nicht leisten, Embargos zu unterstützen, wenn wir nicht die französische Rüstungsindustrie gefährden wollen. Was wäre denn, wenn der Irak und der Iran plötzlich Frieden schließen würden? Wir hätten den Iran für immer als Kunden verloren. Und das ist schlicht und einfach nicht möglich.»[13] Die französische Rüstungsindustrie lebte von den Konflikten und dem Krieg in dieser Weltregion; sie avancierte zur wichtigsten Exportbranche, noch vor Wein, Autos und landwirtschaftlichen Produkten. Seit dem Ende des Krieges ist der französische Rüstungsexport rückläufig, die Industrie hat mit erheblichen Problemen zu kämpfen. Doch das Geschäft ist keineswegs beendet. Beide Seiten rüsten weiter, modernisieren und restaurieren ihre Kriegsarsenale, um für eine mögliche zweite Runde gewappnet zu sein.

Vor allem politische und erst in zweiter Linie wirtschaftliche Erwägungen dürften für die *sowjetischen* Lieferungen moderner Waffen ausschlaggebend gewesen sein. Die sowjetische Schaukelpolitik war während der acht Jahre Golfkrieg konsistent und weniger undurchsichtig als die amerikanische. Moskau unterstützte keines der Kriegsziele, bezeichnete sie als «sinnlos» und plädierte für einen Waffenstillstand sowie für die Rückkehr zum Status quo ante, wie er 1975 im Algier-Abkommen zwischen Iran und Irak fixiert worden war. Diese Position hinderte die sowjetische Regierung jedoch nicht, an beide Seiten Waffen zu liefern. Seit dem Camp-David-Vertrag von 1979 zwischen den USA, Israel und Ägypten hatte die UdSSR im Nahen und Mittleren Osten nur die Rolle eines Statisten gespielt. Jetzt hatte sie wieder Möglichkeiten, in der Region Einfluß zu nehmen. Doch weder an einem irakischen noch an einem iranischen Sieg schien sie Interesse zu haben. Sie unterstützte beide Kontrahenten, und zwar jeweils die Regierung, die sich bei den Friedensbemühungen konzilianter zeigte. Bis 1982, als der Irak die Oberhand hatte, neigte Moskau dem Iran zu und reduzierte die Waffenlieferungen an den Irak drastisch. Danach wurde der verbündete Irak favorisiert. 1985 aber verweigerte die UdSSR die Lieferung weitreichender Raketen, mit denen die Iraker iranische Städte zerstört hatten. Ein Ziel ihrer Politik erreichte die sowjetische Regierung: die Aufrechterhaltung iranischer Kriegführungsfähigkeit. Ein zweites Ziel, wesentlichen Einfluß auf Teheran zu gewinnen, verfehlte sie jedoch, auch wenn beide Länder, zum Ärger der irakischen Regierung, seit Ende 1986 wieder enger kooperierten.

Am deutlichsten geschwächt war die Position der *USA*, die ihren Einfluß in der Region weitgehend eingebüßt hatte. Die verschiedenen US-Regierungen hatten ganz auf die konservativen Regime am Golf gesetzt, um die «Stabilität der Region» zu sichern: auf den Schah im Iran und auf das saudische Königshaus. Nach dem Sturz des Schah war der wichtigste Pfeiler der Politik im Mittleren Osten verloren. Mit dem Geiseldrama in der US-Botschaft in Teheran und der gescheiterten Befreiungsaktion brachen die vorher schon gespannten iranisch-amerikanischen Beziehungen praktisch ganz ab. Ab 1983 unterstützte die US-Regierung den Irak, der kurz zuvor noch als terroristisches Land bezeichnet worden war, und half mit, durch Kredite, später auch durch Hubschrauberlieferungen, eine Niederlage des Irak zu verhindern. Das zwielichtige «Irangate»-Geschäft allerdings stand dieser Intention diametral entgegen. Um ihre wirtschaftlichen Interessen, sprich: die Ölversorgung, zu sichern, verließen sich die USA auf die eigene militärische Stärke. Das 1983 gebildete Central Command (Centcom), das die Rapid Deployment Force abgelöst hat, war seit 35 Jahren das erste vom Pentagon neu aufgebaute Kommando, das sich ganz auf die Region konzentrierte. Fast 300000 Soldaten sind dem Kommando unterstellt; mit ihrer riesigen Nachschubbasis auf der Insel Diego Garcia inmitten des Indischen Ozeans sind die US-Streitkräfte zweifellos die stärkste militärische Macht in der Region.

Lediglich *Israel* hatte vom Golfkrieg eindeutige politische Vorteile. Der ehemalige Verteidigungsminister Ezer Weizman meinte, für die Sicherheit Israels hätte man nichts Besseres planen können als den irakischen Angriff auf den Iran. Zwei ausgesprochen feindlich gesonnene Gegner waren in einen zermürbenden Krieg miteinander verwickelt und konnten die Sicherheit Israels in dieser Situation nicht gefährden. Die israelischen Waffenverkäufe an den Iran hatten drei Ziele: Erstens war die Rüstungsindustrie vom Export stark abhängig; in der wirtschaftlichen Krisensituation, in der sich das Land befand, brachten die Waffenverkäufe wichtige Deviseneinnahmen. Zweitens wollten die Israelis mit der Lieferung von Ersatzteilen und Waffen Öl ins Feuer des Golfkriegs gießen und den Krieg verlängern. Drittens schließlich hoffte die israelische Regierung, die jüdische Minderheit im Iran durch die Kooperation vor Übergriffen zu schützen.

China verband ebenfalls wirtschaftliche und politische Interessen mit den Waffenlieferungen. Die chinesische Rüstungsindustrie war in den siebziger Jahren auf die Bedürfnisse der Armeen in der Dritten Welt umgestellt worden. Sie war in der Lage, robuste, preiswerte und wenig komplizierte Waffen zu liefern. Um die Kapazitäten auszulasten, war die chinesische Regierung bereit, praktisch an alle Länder der Dritten Welt zu liefern und – anders als früher die Großmächte – keinerlei politische Bedingungen an die Exporte zu knüpfen. «Wir müssen damit weitermachen, weil wir arm sind», begründete Verteidigungsminister Qin Ji-wei die chinesische Haltung.[14] Politisch hatte die chinesische Regierung vor allem das Verhältnis der Sowjetunion zu den Konfliktparteien im Blick. Ähnlich wie die Konservativen im Westen, befürchteten die Chinesen in völliger Verkennung der Situation nicht nur eine Verstärkung des sowjetischen Einflusses in der Region, sondern die seit dem letzten Jahrhundert immer wieder beschworene Expansion bis zu den warmen Gewässern des Südens. Als die Sowjetunion während der ersten Kriegsmonate mit diplomatischen Initiativen eine Annäherung an den Iran suchte, war die chinesische Führung beunruhigt. Um dem wachsenden sowjetischen Einfluß entgegenzuwirken, intensivierte auch sie daraufhin ihre Beziehungen zum Iran.

Die *arabischen Länder* waren im Golfkrieg entlang ihrer politischen Linie gespalten. Die radikaleren Regierungen in Libyen, Algerien und Syrien unterstützten den Iran, während sich die konservativen Regierungen in Saudi-Arabien, Kuweit, Jordanien, Ägypten und in den Vereinigten Arabischen Emiraten auf die Seite des Irak schlugen, um in den eigenen Ländern dem Einfluß des Iran auf die Fundamentalisten entgegenzuwirken.

Für die übrigen Waffenlieferanten, ob Bundesrepublik Deutschland, Belgien, Schweden, Schweiz, Österreich, Spanien, Niederlande, Portugal, Brasilien, Argentinien oder für wen auch immer waren primär wirtschaftliche Interessen ausschlaggebend. Oft waren es auch nur die kurzfristigen Profitinteressen einzelner Firmen, die gelegentlich die Regierungen mit ihren dubiosen, aber lukrativen Geschäften in Verlegenheit brachten. Für einige Dritte-Welt-Länder – so für Argentinien, Brasilien, Chile, Taiwan, Nordkorea und Pakistan –, die in den siebziger Jahren eigene Rüstungsindustrien aufgebaut hatten, waren die Öldollars aus der Golfregion eine willkommene Gelegenheit, ihre Zahlungsbilanz aufzubessern. Bei den Ländern der Warschauer Vertragsorganisation kam zum kommerziellen Interesse noch ein anderes hinzu. Neben dem Geschäft im Waffenhandel spielte hier sicherlich auch die Unterstützung der Golfpolitik der Führungsmacht UdSSR eine wichtige Rolle.

Angesichts der doppelten Moral vieler Regierungen in der Golfpolitik, konnte ein Waffenembargo nicht erfolgreich sein. In der Waffenstillstandsresolution der UNO vom 20. Juli 1987 forderte der Weltsicherheitsrat alle Staaten auf, «größte Zurückhaltung zu üben und sich jeder Handlung zu enthalten, die zu einer weiteren Verschärfung führen könnte». Die Erklärung hätte konkreter ausfallen können. Waffenlieferungen wären zweifellos von diesem Beschluß betroffen gewesen – wenn er denn ernst genommen worden wäre. Doch die Mitglieder des Weltsicherheitsrates hielten sich selbst nicht an ihre Beschlüsse. Ein Waffenembargo, auch wenn es nicht wasserdicht gewesen wäre, hätte zwar den Konflikt nicht lösen, wohl aber den Krieg früher beenden können. Zumindest hätte der Krieg an Intensität verloren. Halbherzige Aktionen, wie beispielsweise die Schließung eines Einkaufsbüros der Iraner in London kurz vor Ende des Krieges, dienten mehr der Beruhigung der Öffentlichkeit, als daß daraus praktische Konsequenzen folgten. Wesentlich war die Beendigung des Krieges und ist ein Stopp der Waffenlieferungen; ein Waffenstillstandsabkommen allein, das in Ost und West unter anderem im Interesse der sicheren Ölversorgung durchgesetzt wurde, beschert den beiden Kontrahenten zusätzliche Öleinkünfte, die heute nicht nur für die Beseitigung der Kriegsschäden eingesetzt werden, sondern ebenso für weitere Waffenkäufe.

Woran es in der Golfregion mangelt, sind jedoch nicht Waffenarsenale, auch nicht westliche Flottenpräsenz, Minensucher und Großmachtgehabe aus Ost und West. Sicherlich fehlte lange Jahre die Einsicht auf beiden Seiten der Front, und um den Friedenswillen der Kontrahenten ist es nach wie vor nicht gut bestellt; aber es mangelte und mangelt noch heute auch am politischen Willen der Waffenexportländer, Politik mit nicht-militärischen Mitteln zu betreiben. Bis politische Einsicht bei den Regierungen der Hauptwaffenexportländer einkehrt, die gerne die Irrationalität der Konfliktparteien am Golf anprangern und die eigene Verantwortung weit von sich weisen, so lange wird wohl der schwunghafte Handel weiter blühen. «Sicherlich würde es einige Restriktionen geben», meinte Kamal Kharrazi, ein Regierungssprecher des Iran, als er noch während des Krieges auf die Folgen eines Waffenembargos angesprochen wurde, «aber wir glauben nicht, daß uns ein Waffenembargo große Probleme bereiten würde. Viele Leute in vielen Ländern, viele Firmen haben ein Interesse am Rüstungsgeschäft. Wir mögen höhere Preise zu zahlen haben, aber wir glauben nicht, daß es unmöglich sein wird, Waffen zu kaufen.»[15]

3. Die nuklearen Schwellenländer und ihr Weg zur Bombe

Instabiler Status quo

Die atomare Abschreckung ist ein prekärer Zustand des Nicht-Krieges, der den Ausbruch von mehr als 150 kriegerischen Konflikten in der Welt nicht verhindert hat und der ständig durch das Wettrüsten der Atom-Mächte sowie die klammheimliche Weiterverbreitung von waffenfähigem Kernmaterial gefährdet ist. Im Vorwort zu einer Untersuchung über die Weiterverbreitung von Atomwaffen heißt es: «Seit einem halben Jahrhundert lebt die Welt unsicher im Nuklearzeitalter. Wir sind jetzt mit der Beschleunigung der Verbreitung von Technologie konfrontiert, und die Zahl der Nuklearwissenschaftler und Ingenieure vervielfältigt sich. Nicht nur die hochentwickelten Industrienationen, sondern auch die bisher unterentwickelten Länder produzieren und exportieren jetzt schon Teile des Brennstoffs. Die rasche Entwicklung neuer kritischer Technologien wie der Isotopentrennung wird größere Kapazitäten zur illegalen Produktion von waffenfähigem Material zu geringen Kosten verfügbar machen.»[16]

Im Mittelpunkt der öffentlichen Diskussion über die Atomwaffen standen in den letzten Jahrzehnten immer die Arsenale der beiden Großmächte USA und Sowjetunion sowie ihrer Verbündeten in Europa, der NATO und der WVO. Seit nahezu einem Vierteljahrhundert gibt es unverändert fünf Atommächte, nämlich, in der zeitlichen Reihenfolge ihres Auftretens: die USA, die Sowjetunion, Großbritannien, Frankreich und die Volksrepublik China. Die Tatsache, daß zu diesem exklusiven Club kein weiteres Mitglied hinzukam, mag beruhigend gewirkt haben. In Wahrheit jedoch ist die Entwicklung in einigen sogenannten nuklearen Schwellenländern, den Beinahe-Atommächten, alles andere als beruhigend. Seit die Volksrepublik China 1964 ihren ersten Nukleartest durchführte, hat zwar kein weiteres Land erklärt, Atomwaffen gebaut zu haben oder bauen zu wollen. Doch in einigen Schwellenländern ist die Produktion waffentauglichen Materials erheblich beschleunigt und die technisch-wissenschaftliche Infrastruktur, die zum Bau von Atomwaffen befähigt, beträchtlich ausgebaut worden.

Leonard Spector stellt in dem von ihm herausgegebenen Jahresbericht über die Weiterverbreitung von Atomwaffen fest: «Die Zahl der Länder, die in der Lage sind, Atomwaffen zu bauen, und die in Reaktion auf regionalen Druck offensichtlich bereit sind, dies zu tun, hat ständig zugenommen. Israel hat diesen Status wohl Ende der sechziger Jahre erlangt und Indien 1974, als es seinen ersten und einzigen Nukleartest durchführte, den es als ‹friedliche Nuklearexplosion› bezeichnete. Südafrika wurde 1980 oder 1981 de facto ein Nuklearstaat, als es die Fähigkeit erlangte, atomfähiges Material zu produzieren. Pakistan steht heute an dieser Schwelle. Argentinien, Brasilien, Iran, Irak und Libyen haben ebenfalls während des letzten Jahrzehnts Schritte in dieser Richtung unternommen, obwohl sie derzeit noch nicht über die Kapazitäten verfügen, atomare Sprengköpfe herzustellen.»[17]

Ein interessantes Kriterium für die Ambitionen dieser Länder ist der Atomwaffensperrvertrag, der 1968 von den damaligen Atommächten USA, Sowjetunion und Großbritannien initiiert und inzwischen von 135 Staaten ratifiziert worden ist. Die technologisch weit fortgeschrittenen Schwellenländer Argentinien, Brasilien, Israel, Südafrika, Indien und Pakistan haben diesen Vertrag, der die Weitergabe von Atomwaffen – die Proliferation – verbietet, bisher nicht unterzeichnet. Hingegen haben Libyen, Iran und Irak den Vertrag anerkannt, in der Annahme, daß sie während der Laufzeit der Non-Proliferation bis 1995 ohnehin nicht in der Lage sein würden, eigene Atomwaffen zu bauen.

Der Weg zur Bombe

Sämtliche großen Industrienationen des Westens, an der Spitze die Bundesrepublik Deutschland, haben durch ihre Kooperation mit den Schwellenländern auf dem Nuklearsektor, durch die gezielte Förderung der «friedlichen Nutzung der Kernenergie», zu deren Fähigkeiten beigetragen, Atombomben herzustellen.

Es gibt zwei Wege, um an die Bombe zu kommen. Der erste führt über den – legalen oder illegalen – Erwerb von Wissen und Technologie zur Herstellung von waffenfähigem Material. Zur Herstellung von Plutonium sind eine ausreichende Menge Natururan, ein Reaktor und eine Wiederaufbereitungsanlage erforderlich. Sämtliche sechs Schwellenländer verfügen über oder bauen Wiederaufbereitungsanlagen. Sie haben teils das Wissen, in jedem Falle aber die Technologie importiert, um die entsprechende Infrastruktur aufzubauen. Teils wurde die Technologie in Großprojekten (wie bei der brasilianisch-westdeutschen Kooperation) mit offizieller Genehmigung und starker staatlicher Unterstützung geliefert. So genehmigte die Bundesregierung in den siebziger Jahren – zum Mißfallen der US-Regierung – auch den Export sensitiver Technologien. Teils gehen die Lieferungen über dunkle Kanäle.

Ein Beispiel für die illegalen Geschäfte deutscher Firmen – in diesem Fall mit Pakistan – beschreibt Alexander Roßnagel: «Im Oktober 1984 bestellte Lizrose Ltd. aus London von Arbed-Saarstahl jenen Spezialstahl, der für Uranzentrifugen unerläßlich ist. Da Lizrose Ltd. und dessen Geschäftsführer Unam Shah als die europäische Zentrale der pakistanischen Einkäufer für Nuklearmaterial gelten, wurden deutsche Behörden von westlichen Geheimdiensten informiert und unterbanden den Verkauf. Zwei Wochen später bestellte Lizrose erneut den Stahl bei Arbed – diesmal aber über einen Londoner und einen Kölner Stahlhändler. An letzteren lieferte Arbed im Juni 1985 880 kg Stahlbarren, deren Durchmesser von 150 mm genau mit dem jener Zentrifugen übereinstimmte, in denen Uran angereichert wird. Aus dem Stahl können einige Dutzend Zentrifugen hergestellt werden. Er wurde zuerst Richtung London geschickt, in Bremen nach Hamburg umdirigiert und dort an ‹Technical Equipment› in Islamabad adressiert, eine Tarnfirma des pakistanischen Atomprojekts. Den Stahl bezahlte Unam Shah bar, die Frachtbriefe und die Transportrechnungen gingen an die pakistanische Botschaft.»[18]

Die Lieferfirma muß angesichts der technischen Spezifikationen gewußt haben, daß sie ein geheimes Waffenprojekt unterstützte. Sie erweckte aber bei den Genehmigungsbehörden den Eindruck, als handele es sich um gewöhnliche Exporte. Für die gleichen Anlagen in Pakistan lieferte Albrecht Migule aus Freiburg illegal, auf 62 Lastkraftwagen verpackt, zwischen 1977 und 1980 eine 14 Millionen Mark teure Anlage zur Herstellung von Uranhexafluorid, dem Ausgangsstoff für die Anreicherung von bombenfähigem Material. Die Anlage war ohne Exportgenehmigung als «Maschinen und Apparate» deklariert worden und hatte die Grenzen der Bundesrepublik ohne Beanstandung passiert. Die bislang letzte westdeutsche Lieferung für das pakistanische Atomwaffenprogramm – eine Anlage zur Herstellung von Tritium, das für den Bau leichter Bomben benötigt wird – kam von der Gelnhausener Firma Neue Technologien GmbH. Einige wenige Gramm Tritium reichen aus, um die Sprengkraft um ein Vielfaches zu erhöhen. Insgesamt sollen 70 westdeutsche Firmen an den Lieferungen nach Pakistan beteiligt gewesen sein. Andere Firmen, so Alfred Hempel, Düsseldorf, lieferten an Argentinien, Indien und Südafrika. 1984 exportierte die Frankfurter Firma Degussa, bis zum Hanauer Atomskandal an den Firmen Transnuklear und Nukem beteiligt, 95 Kilogramm Beryllium nach Indien. Erstaunlicherweise erhielt die Firma eine Exportgenehmigung, obwohl das Material, das ebenso wie Tritium die kritische Bombenmasse reduziert, einem Exportverbot (Embargoliste Teil I) unterliegt.

Der zweite Weg zur Bombe verläuft über illegale Abzweigungen bombenfähigen Materials – Plutonium oder hochangereichertes Uran – aus Nuklearanlagen. Ein solcher Verdacht wurde sowohl gegenüber Israel als auch Indien des öfteren geäußert. Ankäufe auf dem nuklearen Schwarzmarkt sind ebenfalls vorgekommen. Wer glaubt, die Kontrollen des brisanten Materials seien so scharf, daß die Idee eines Schwarzmarktes lediglich allzu phantasievollen Agentengeschichten entnommen sein könnte, muß sich eines Besseren belehren lassen. Alexander Roßnagel hat einige mysteriöse Fälle zusammengestellt:

«So sind beispielsweise 1957 und 1965 in der Anlage der Nuclear Material and Equipment Cooperation, einem kurz NUMEC genannten Kernbrennstoffbetrieb in Apollo / Pennsylvania, mindestens 178 kg Uran-235 verschwunden – eine Menge, die es ermöglicht, etwa 10 Atombomben herzustellen. Nach Feststellung der Behörden waren während der 60er Jahre die Sicherungsmaßnahmen in diesem Unternehmen so mangelhaft, daß eine verdeckte Abzweigung möglich war. Die CIA und mehrere Kongreß-Komitees, die mit Nachforschungen beauftragt waren, kamen zu dem Ergebnis, daß zumindest ein gewisser Teil des vermißten Urans illegal nach Israel gebracht worden ist ... Im April 1974 wurde in Indien entdeckt, daß aus dem Atomkraftwerk Jaduguda im Bundesstaat Bihar Uran im Wert von 2,5 Millionen Dollar systematisch abgezweigt, nach Nepal geschmuggelt und von dort heimlich nach Hongkong transportiert worden war, wo es entweder

Chinesen oder Pakistani übernahmen. Die indischen Behörden, die 3,5 kg des Uran beschlagnahmen konnten, vermuten, daß die Beteiligten über zwei Jahre lang das Uran gesammelt und außer Landes gebracht haben, daß die gesamte Aktion aus finanziellen Motiven geschah und von international organisierten Verbrechern betrieben wurde. Durch Aussagen von Augenzeugen in einem Prozeß gegen den früheren CIA-Agenten Edwin Wilson wurde 1983 in den USA bekannt, daß Libyen 1981 ernsthaft versucht hatte, auf dem Schwarzmarkt bombenfähiges Material zu erlangen. Wilson und ein belgischer Geschäftspartner namens Donnay hatten Libyen ein Kaufangebot über Uran unterbreitet, das aus europäischen Anlagen abgezweigt werden sollte. Eine libysche Delegation aus hohen Atomfunktionären hatte mehrfach ernsthaft über dieses Angebot verhandelt. Das Geschäft scheiterte schließlich daran, daß die Wünsche Libyens nach einem Anreicherungsgrad des Urans von 80 Prozent nicht befriedigt werden konnten.

Ein weiteres Beispiel: Jahrelang war der Sudan illegaler Umschlagplatz für waffengeeignetes Atommaterial. Mit dieser schockierenden Nachricht sorgte der Londoner Fernsehsender Twenty-Twenty-Television am 30. Oktober vergangenen Jahres für weltweite Aufmerksamkeit. Die erste Lieferung, 12 kg Plutonium, wurde 1980 von belgischen Händlern zuerst südafrikanischen Agenten angeboten. Diese nahmen von dem Plutonium, das in einer Lagerhalle auf dem Flughafen von Chartum in Bleifässern aufbewahrt wurde, Proben und analysierten sie mit eigens hierfür mitgebrachtem Gerät. Das Geschäft zerschlug sich jedoch, weil sie mit 5 Millionen Dollar pro Kilo einen zu niedrigen Preis anboten.» [19]

Die illegale Beschaffung von waffenfähigem Spaltmaterial ist teuer, zeitraubend und nicht immer zuverlässig, aber sie macht den schwierigen und noch teureren Aufbau von Wiederaufarbeitungs- und Anreicherungsanlagen möglicherweise überflüssig.

Die nuklearen Schwellenländer

Indien und Pakistan

Auch wenn in Pakistan eine demokratisch gewählte Regierung das Militärregime abgelöst hat, ist die Gefahr, daß in Konflikten in Südasien Nuklearwaffen eingesetzt werden, derzeit nicht gänzlich auszuschließen. Indien, das die Basis für sein Atomprogramm bereits in den fünfziger Jahren legte, und Pakistan haben ihre Forschungsanstrengungen intensiviert. Seit Jahren werden traditionelle Hindu-Moslem-Rivalitäten mobilisiert, um die eigenen Nuklearambitionen jeweils als Reaktion auf diejenigen des Nachbarn zu legitimieren. Indien kann die Bombe seit langem bauen, und auch Pakistan ist dazu in Eigenregie in der Lage. Offen ist noch die Frage, ob Pakistan bereits die Atomwaffe besitzt. Die öffentlichen Äußerungen der Regierung in Islamabad lassen die Weltöffentlichkeit im ungewissen darüber. So sagte der ehemalige pakistanische Staatspräsident Zia ul-Hak 1987 gegenüber dem US-amerikanischen Magazin *Time* sibyllinisch: «Pakistan hat die Kapazität, die Bombe zu bauen. Sie können schreiben, daß Pakistan die Bombe bauen kann, wann es will!»[20] Er fügte jedoch hinzu, daß sein Land nicht die Absicht habe, Atomwaffen herzustellen. Aber die Situation bleibt bis heute unsicher.

Nach internationaler Einschätzung verfügt Pakistan über die notwendigen Produktionskapazitäten, um spaltbares Material herzustellen. Pakistans Anreicherungsanlagen – portionsweise in den Niederlanden, der Schweiz, Kanada und der Bundesrepublik Deutschland zusammengekauft – werden bis 1990 zwischen 175 und 325 kg waffentaugliches Uran produziert haben. Nach den Recherchen von Albright und Zamora «hat Pakistan bis Ende 1988 genügend Material gesammelt, um – bei 20 kg pro Sprengsatz – 6 bis 8 Bomben zu bauen. Ende 1990 könnte Pakistan genügend Material für 8 bis 16 Bomben haben.»[21] Dennoch stoppte oder reduzierte die US-Regierung ihr Militärhilfeprogramm für das islamische Land nicht. So wurde unter anderem das Kampfflugzeug F-16 geliefert, das als Atomwaffenträger eingesetzt werden kann.

Ähnlich ist die Situation im feindlich gesonnenen Nachbarstaat Indien. Mit sowjetischen und westeuropäischen Waffenlieferungen rüstet die Regierung in Neu-Delhi seit Jahrzehnten gegen Pakistan. Darüber hinaus hat die indische Führung bei ihren Atomwaffenambitionen auch das Verhältnis zu China und die Marineaktivitäten der Großmächte im Indischen Ozean im Blick. Für sein Nuklearprogramm erhält Indien Unterstützung aus der Bundesrepublik (möglicherweise unter Bruch des Atomwaffensperrvertrags) und aus der UdSSR (bei strikten internationalen Kontrollen).

Die traditionellen Spannungen zwischen Hindus und Moslems führten vor vierzig Jahren nach blutigen Auseinandersetzungen zur Teilung der einstigen britischen Kronkolonie. Danach folgten drei kriegerische Konflikte – zwei mit Pakistan und einer mit China. All das macht die atomare Schwellensituation in Südasien besonders gefährlich, auch wenn sich Indien und Pakistan 1988 vertraglich verpflichtet haben, in einem Konflikt die Nuklearanlagen der anderen Seite nicht anzugreifen. Kein Staat traut dem anderen. Indische Quellen zitieren bis heute gerne Äußerungen von Pakistans ehemaligem Ministerpräsidenten Bhutto, dem Vater der heutigen Ministerpräsidentin, aus den siebziger Jahren. Er war ein eifriger Förderer des heimischen Atomprogramms und verlangte viel von seinen Landsleuten: «Falls Indien die Bombe herstellt», so hatte er gesagt, «werden wir die Bombe auch haben, auch wenn wir Blätter und Gras essen müssen und hungrig sind.»[22] Im Tenor ähnlich meinte der indische Parlamentsabgeordnete Swamy: «Wenn wir die Bombe benötigen, dann sollten wir sie auch beschaffen, selbst wenn es bedeutet, ohne Hosen herumlaufen zu müssen.»[23]

Bis heute wird in beiden Staaten das aus dem Ost-West-Konflikt sattsam bekannte, simple Muster von Aktion und Reaktion bemüht, um die eigenen Rüstungsanstrengungen zu legitimieren. Der jeweils anderen Seite werden Atomwaffenambitionen unterstellt, die die eigene Option zwangsläufig beeinflussen. Kompliziert wird die südasiatische Lage dadurch, daß Pakistan und China auf nuklearem Gebiet kooperieren. Pakistan bietet Peking seine Kenntnisse der Urananreicherung an. Die Volksrepublik ihrerseits ist wichtiger Lieferant für schweres Wasser.

Brasilien und Argentinien

Kooperation auf dem Nuklearsektor ist auch das neue Stichwort zwischen Argentinien und Brasilien. Solange in beiden Ländern atomwaffen-ehrgeizige Militärs regierten, war wegen der ständig geschürten Feindbilder an Zusammenarbeit nicht zu denken. Beide Länder verfolgten Nuklearambitionen, um Vorteile in ihrer Rivalität um eine regionale Vormachtstellung zu erlangen. Inzwischen aber haben die demokratisch gewählten Regierungen mehrere Verträge zur nuklearen Zusammenarbeit geschlossen. Die Zusammenarbeit bietet sich an, weil Argentinien durch ein inzwischen 30 Jahre altes Atomprogramm viel Erfahrung mit eigenständiger Forschung gesammelt hat und Brasilien, dank bundesrepublikanischer Hilfe, im Bau kerntechnischer Anlagen über Know-how verfügt.

Brasiliens Präsident Sarney gab im September 1987 bekannt, Brasilien sei jetzt in der Lage, Uran anzureichern – eine wichtige Voraussetzung zum Bau von Atomwaffen. Allerdings, so wird heute in Lateinamerika betont, werde die Nukleartechnologie ausschließlich für friedliche Zwecke eingesetzt. Gleichwohl verfügt das brasilianische Militär über ein Gelände für unterirdische Atomtests, und damit sind auch langfristige strategische Überlegungen verbunden, wie ein Interview mit dem ehemaligen brasilianischen Marineminister Maximiliano da Fonseca deutlich macht: «Wir sollten auf ein Atomarsenal verzichten, aber eine Atombombe muß Brasilien testen. Eine Bombe, eine Musterbombe, um zu zeigen, das kann ich auch machen. Im Prinzip wünsche ich es nicht. Ich will keinen Wettlauf. Das hat keinen Sinn, das ist absurd. Aber darstellen, daß ich das kann, ist politisch für mein Land sehr wichtig. Das ist so eine Art Abschreckungssignal: Wenn ihr mich provoziert, teste ich die Bombe!»[24]

In Brasilien und Argentinien werden Raketen entwickelt und bereits gebaut. In Kooperation zwischen beiden Ländern sollen auch atomgetriebene U-Boote hergestellt werden. In beiden Ländern wird Uran außerhalb der Kontrolle der Internationalen Atomenergiebehörde angereichert. Beide Regierungen unterzeichneten den Atomsperrvertrag nicht und weigerten sich auch, völkerrechtlich verbindliche Verpflichtungen zur Nicht-Weiterverbreitung abzugeben.

1976 wurde im Vertrag von Tlatelolco unter Beteiligung nahezu aller südamerikanischen Länder und der fünf Atommächte eine atomwaffenfreie Zone für Lateinamerika vereinbart. Die Unterzeichner verpflichteten sich, auf Herstellung, Erwerb, Erprobung und Lagerung von Atomwaffen zu verzichten. Die beiden Schwellenmächte Argentinien und Brasilien jedoch nahmen für sich Ausnahmeregelungen in Anspruch, weil sie die rigorosen Kontrollen der Internationalen Atomenergiebehörde in Wien nicht akzeptierten. Argentinien unterschrieb den Vertrag zwar, ratifizierte ihn jedoch nicht. Brasilien unterschrieb und ratifizierte ihn, setzte ihn aber nicht in Kraft.

Israel

Unter allen nuklearen Schwellenländern haben die Israelis ihr Atomprogramm am weitesten entwickelt. Nicht *ob* Israel über Atomwaffen verfügt, ist heute noch strittig; allenfalls über die genaue Zahl streiten die Experten. 1981 schätzte die CIA das Arsenal auf 10 bis 20 Sprengköpfe, doch seit dem Bekanntwerden israelischer Geheiminformationen im Jahre 1986 muß diese Schätzung als viel zu niedrig angesehen werden. In seinem Jahresbericht 1987 über die Weiterverbreitung von Atomwaffen schreibt Leonard Spector:

«Während des letzten Jahres scheint Israel den ständigen Ausbau seines Nukleararsenals fortgesetzt zu haben, mit dem Ende der sechziger Jahre begonnen wurde. Nimmt man die Analysen der Vergangenheit zum Maßstab für das israelische Programm, dann hätte Israel verhältnismäßig einfache Bomben, die mit Flugzeugen transportierbar sind. Rechnet man außerdem jährlich ein oder zwei Bomben hinzu, dann hätte Israel demnach heute 20 bis 25 Bomben mit einer ähnlichen Sprengkraft wie die Nagasaki-Bombe. Angesichts einiger Berichte – einschließlich detaillierter Enthüllungen eines ehemaligen Mitarbeiters des geheimen israelischen Dimona-Nuklearkomplexes im Oktober 1986 – muß diese Schätzung nun aber erheblich korrigiert werden. Die Berichte sagen aus, daß Israel heute zwischen 100 und 200 Bomben hat – bei einer Wachstumsrate von jährlich vielleicht fünf oder zehn Bomben. Die Berichte zeigen auch, daß Israels Nukleararsenal technisch wesentlich weiter fortgeschritten ist, als ursprünglich angenommen. Das Atomarsenal enthält hochentwickelte Bomben, die teils auf dem Fusionsprinzip beruhen und daher über wesentlich mehr Zerstörungskraft verfügen als die im Zweiten Weltkrieg eingesetzten. Außerdem gibt es neue Belege dafür, daß Israel eine Kurzstreckenrakete mit einer Reichweite von 400 Meilen stationiert hat, die Atomsprengköpfe tragen kann. Obwohl noch manche Fragen offen bleiben, scheint es doch so zu sein, daß die neueren Schätzungen über die israelischen Atomkapazitäten realistischer sind als frühere Angaben.»[25]

Der ehemalige israelische Atomtechniker Mordechai Vanunu, auf dessen aufsehenerregende Enthüllungen sich dieser Bericht unter anderem bezieht, wurde in seinem Land als Atomspion zu 18 Jahren Gefängnis verurteilt. Vanunu hatte neun Jahre im geheimen israelischen Dimona-Atomkomplex gearbeitet, bis er Anfang 1986 wegen seiner Kontakte zu arabischen Studenten entlassen wurde. Im Oktober 1986 packte er bei der britischen *Sunday Times* aus und legte sechzig Fotografien über die Dimona-Anlagen auf den Tisch. Vanunu lieferte Beweise, daß in Dimona eine Wiederaufbereitungsanlage mit einer jährlichen Kapazität von 40 Kilogramm Plutonium arbeitet. Außerdem konnte er belegen, daß die Israelis technisch in der Lage sind, aus weniger als acht Kilogramm Plutonium eine Bombe zu bauen.

Von dem ausgeprägten israelischen Atomkomplex ist lediglich der 1960 aus den USA gelieferte erste Forschungsreaktor internationaler Kontrolle unterworfen. Wenn es um die Forderung nach verbindlichen Kontrollen der israelischen Atomanlagen geht, halten sich gerade die USA als wichtigster politischer Verbündeter der Israelis bemerkenswert zurück, obwohl sie über vielfältige Mittel und Möglichkeiten verfügen, Israel unter Druck zu setzen – vor allem die Beschränkung des Rüstungs- und Technologietransfers. Doch aus innenpolitischer Rücksichtnahme auf die jüdische Lobby in den USA wird davon kein Gebrauch gemacht.

Südafrika

Im Gegensatz zu Israel ist es um Südafrikas Atomprogramm in den letzten Jahren still geworden. Die weiße Burenrepublik hat die Fähigkeit, nuklearwaffenfähiges, hoch angereichertes Uran herzustellen, und ist auch in der Lage, technisch einfache Atomwaffen zu bauen. Die Regierung des rassistischen Staates ist dem Atomwaffensperrvertrag nicht beigetreten und auch bislang keinerlei völkerrechtlich verbindliche Verpflichtung eingegangen, auf Atomwaffen zu verzichten. 1979 wurde die Vorbereitung auf einen Nukleartest aufgrund westlichen Drucks abgebrochen; zwei Jahre zuvor war von einem US-Satelliten über dem Südpazifik ein Signal aufgenommen worden, das möglicherweise von einem südafrikanischen Atomversuch stammte. Technisch einfache Atomwaffen können jedoch auch ohne einen vorherigen Test nuklearer Sprengsätze gebaut werden.

Günter Verheugen, SPD-Bundestagsabgeordneter und Südafrika-Kenner, hat keinen Zweifel daran, daß Südafrika bereits ein Atomwaffenstaat ist. In einer Studie über die nukleare Zusammenarbeit zwischen der Kap-Republik und westlichen Staaten, die die entsprechende Kerntechnologie besitzen, schreibt Verheugen: «Südafrika konnte die Bombe bauen, weil es, auch ohne dem Atomwaffensperrvertrag beigetreten zu sein, Partner fand, die beim Aufbau einer eigenen Atomwirtschaft geholfen haben. Die Kernenergie war für Südafrika mit seiner empfindlichen Abhängigkeit vom Öl und seinen reichen Uranvorkommen ein naheliegender Gedanke. Also baute man Kernkraftwerke (mit französischer Hilfe) – und eine Urananreicherungsanlage. Dabei will nun keiner geholfen haben. Dabei ist diese Anlage die Voraussetzung für die militärische Nutzung der Kerntechnik durch Südafrika. Der Bundesrepublik Deutschland wird vorgeworfen, diese Anlage geliefert zu haben.

Grundlage dieser Vorwürfe sind Dokumente, die im Jahr 1975 vom African National Congress veröffentlicht wurden. Sie stammen aus der südafrikanischen Botschaft in der Bundesrepublik, wo sie offenbar bei einem Umzug ‹verlorengingen›...

Weiter ist erwiesen, daß maßgebliche deutsche Politiker eine deutsch-südafrikanische Zusammenarbeit auf dem Gebiet der Urananreicherung gewollt haben: Die früheren Staatssekretäre Haunschildt und Rohwedder hatten intensive Kontakte, die Bundestagsabgeordneten Lenzer (CDU) und Graf Lambsdorff (FDP) warben 1975 ganz offen für ein deutsch-südafrikanisches Urananreicherungsprojekt. Es scheint aber nicht zustande gekommen zu sein, jedenfalls nicht in der erhofften Form. Daß das südafrikanische Verfahren möglicherweise doch auf der Grundlage deutscher Forschungsergebnisse entwickelt worden ist, kann aber auch nicht ausgeschlossen werden. Sicherlich ist keine Lizenz für das Trenndüsenverfahren nach Südafrika genehmigt worden, aber vielleicht nur deshalb nicht, weil die südafrikanischen Partner schon ohne Lizenz das Know-how bekommen hatten, das sie brauchten. Nach eigenen Angaben haben sich die Südafrikaner für ihr eigenes, anderes Verfahren entschieden und das

Trenndüsenverfahren von Prof. Becker, das schließlich im deutsch-brasilianischen Atomgeschäft eine Rolle spielen sollte, nicht benutzt.

Wie es auch immer gewesen ist: Jahrelang hat zwischen der STEAG und ihren südafrikanischen Partnern eine intensive Geschäftsbeziehung bestanden, bei der es um die Urananreicherung ging. Und unbestreitbar war die deutsche Firma bereit, ein Verfahren zu liefern, das bei entsprechend großer Auslegung Uran 235 auf 90 % anreichern und damit waffenfähig machen kann.

Das weltweite Mißtrauen gegenüber der Bundesrepublik wurde verstärkt, als Recherchen der Anti-Apartheid-Bewegung bekannt wurden, wonach die Firmen Siemens und Messerschmidt-Bölkow-Blohm mehrere Trennelemente, wie sie für das Becker-Verfahren gebraucht werden, nach Südafrika geliefert haben sollen. Wegen dieser angeblichen Lieferungen wurde von privater Seite Strafanzeige erstattet, allerdings ohne Ergebnis. Nach Aussage der Bundesregierung sind Anträge zur Ausfuhr von Trenndüsenelementen nach Südafrika nicht gestellt worden. Daß sie von Siemens hergestellt werden, wird dagegen nicht bestritten.»[26]

Zwei Reaktoren Südafrikas unterliegen der Kontrolle der Internationalen Atomenergiebehörde; auch hat die südafrikanische Regierung sich als Lieferant von Atomtechnologie den Richtlinien der Londoner Nuclear Suppliers Group unterworfen. Die Suppliers Group kam 1974 zustande, nachdem Indien seine erste und einzige Atomexplosion durchgeführt hatte. Der Zusammenschluß war aber auch eine Reaktion auf den Export von Anreicherungs- und Wiederaufbereitungsanlagen durch Frankreich und die Bundesrepublik Deutschland. Mit den Richtlinien versuchen die wichtigsten Lieferanten von Atom-Material, unter ihnen auch die Sowjetunion, den Export von Nukleartechnologie zu kontrollieren.

Doch ungeachtet der Respektierung der Richtlinien der Nuclear Suppliers Group hat Südafrika sich allen anderen Forderungen versagt. Die Regierung verweigerte sowohl ihre Unterschrift unter den Atomwaffensperrvertrag als auch Kontrollen der Internationalen Atombehörde in der Urananreicherungsanlage Valindaba, die mit Technologie aus der Bundesrepublik, Großbritannien, Frankreich, den USA und der Schweiz aufgebaut wurde.

Atomtechnologische Anlagen und atomtaugliche Trägersysteme

	Stromerzeugungsreaktoren		Forschungsreaktoren		Weitgehend sichere Uranreserven	Uranaufbereitung, Urankonversion	
	Anzahl	Lieferung von Anlagen/Brennstoffen	Anzahl	Lieferung von Anlagen/Brennstoffen		Anzahl der Anlagen	Lieferung aus
INDIEN	10	USA Frankreich Kanada UdSSR Indien	6	G.B. Kanada Indien	46.000 t	5	Indien
PAKISTAN	1	Kanada USA Pakistan	1	USA	ausreichend für Kahuta-Anreicherungsanlagen	1	BRD
ISRAEL			2	USA Frankreich Argentinien Südafrika? Belgien? Nigeria? Z.A.R.? Gabon? Norwegen Israel	30–60.000 t aus Phosphat	2	Israel
ARGENTINIEN	3	BRD Kanada Italien Argentinien	7	BRD Argentinien	18.900 t	3	Argentinien BRD
BRASILIEN	3	USA BRD G.B. N.L. Brasilien	3	USA Brasilien	163.300 t	4	BRD Frankreich Brasilien
SÜDAFRIKA	2	Frankreich Schweiz BRD Belgien China? Südafrika	2	USA Südafrika	385.700 t (sowie 120.000 t in Namibia)	2	G.B.

Quellen: Leonard S. Spector, Going Nuclear, Cambridge/Mass., 1987; SIPRI Yearbook, Oxford/New York 1986; Congressional Research Service. The Library of Congress (USA), Ballistic Missile; Proliferation Potential in the Third World, Report No. 86-29 SPR, Washington, D.C., April 1986;

in nuklearen Schwellenländern

Schwerwasser-anlagen		Produktion von Brennelementen		Wiederaufarbeitung		Urananreicherung		Trägersysteme für A-Waffen	
Anzahl der Anlagen	**Lieferung aus**	**Anzahl der Anlagen**	**Lieferung aus**	**Anzahl der Anlagen**	**Lieferung aus**	**Anzahl der Anlagen**	**Lieferung aus**	**Art**	**Lieferung aus**
7	BRD Schweiz Frankreich Kanada Indien	2	Indien	4	Indien			Bomber Kampfflug-zeuge Raketen	G.B. Frankreich UdSSR Indien Indien
2	Belgien Kanada	1	Kanada Pakistan	3	Frankreich Belgien G.B. Pakistan	2	BRD Schweiz Niederl. Kanada (teils illegal)	Bomber Kampfflug-zeuge Raketen (Päne)	USA Frankreich China
1	Israel	1	Israel	1	Israel Frankreich G.B. USA	1	Israel	Bomber Kampfflug-zeuge Raketen	USA Israel Israel
2	Schweiz Argentinien	2	BRD Argentinien	2	Argentinien	1	Argentinien	Bomber Kampfflug-zeuge Raketen (Entw.)	USA G.B. Frankreich Argentinien BRD Argentinien
		1	BRD	2	BRD Brasilien	3	BRD Brasilien	Kampfflug-zeuge Forschungs-raketen	USA Frankreich Brasilien BRD
		1	Südafrika?	1	Südafrika?	2	BRD Frankreich Schweiz USA Südafrika	Bomber Kampfflug-zeuge	Italien G.B. Frankreich Südafrika

International Institute for Strategic Studies, The Military Balance 1986-87, London 1986.
Anmerkung: Die aufgeführten Anlagen werden überwiegend oder teilweise von der Internationalen Atomenergiebehörde nicht kontrolliert.

Trägersysteme

Alle sechs Schwellenländer verfügen nicht nur über die Fähigkeit, waffenfähiges Material zu produzieren und Sprengsätze zu bauen; sie besitzen auch Trägersysteme: Indien, Argentinien und Brasilien entwickeln oder bauen in ihren zivilen Weltraumprogrammen ballistische Raketen. Mitte 1989 testete Indien eine ballistische Rakete. Der gelungene Test wurde in Indien als historischer Erfolg gefeiert, der mit dem Nukleartest von 1974 vergleichbar ist. Auch Israel investierte in militärische Raketenprogramme. Pakistans und Israels Luftwaffen fliegen moderne amerikanische F-16-Flugzeuge; Israel verfügt außerdem über selbstentwickelte Kampfflugzeuge. Indien fliegt sowjetische, britische, französische sowie in Eigenregie konstruierte Kampfflugzeuge. Brasilien und Argentinien verfügen ebenfalls über Kampfflugzeuge aus dem Westen. Südafrika fliegt eigene, nach französischem Vorbild gebaute Atomträgerflugzeuge. Parallel zu den Atomwaffenprogrammen werden also in sämtlichen sechs Schwellenländern Atomwaffenträgersysteme gebaut oder importiert. Falls eines der Länder tatsächlich Nuklearwaffen offiziell ins strategische Kalkül einbeziehen oder die Waffen gar einsetzen will, wird dies nicht an den erforderlichen Trägersystemen scheitern.

Der Atomwaffensperrvertrag

1968 wurde in London, Moskau und Washington der Atomwaffensperrvertrag unterzeichnet. Hierin verpflichten sich die Atommächte – allerdings mit der Ausnahme von Frankreich und China – keine Waffen weiterzuverbreiten und «wirksame Maßnahmen» zur nuklearen Abrüstung anzustreben – eine Aufgabe, deren Einlösung zu Recht von Nicht-Atommächten immer wieder gefordert wird. Die Nicht-Atomwaffenmächte erklären gleichzeitig, nicht durch Importe zur Proliferation von Atomwaffen beizutragen.

Andererseits aber – und hier liegt ein zentrales Problem – sieht der Atomwaffensperrvertrag die nukleare Kooperation zu friedlichen Zwecken ausdrücklich vor. Die Signatarländer haben das Recht zu Forschung, Produktion und Nutzung von Kernenergie sowie das

Recht und die Pflicht, teilzunehmen an intensiver Zusammenarbeit. In Artikel IV Absatz 2 des Vertrages heißt es: «Alle Vertragsparteien verpflichten sich, den weitestmöglichen Austausch von Ausrüstungen, Material und wissenschaftlichen und technologischen Informationen zur friedlichen Nutzung der Kernenergie zu erleichtern, und sind berechtigt, daran teilzunehmen. Vertragsparteien, die hierzu in der Lage sind, arbeiten ferner zusammen, um allein oder gemeinsam mit anderen Staaten oder internationalen Organisationen zur Weiterentwicklung der Anwendung der Kernenergie für friedliche Zwecke, besonders im Hoheitsgebiet von Nichtkernwaffenstaaten, die Vertragspartei sind, unter gebührender Berücksichtigung der Bedürfnisse der Entwicklungsgebiete der Welt beizutragen.»

Die Bundesrepublik Deutschland ist dem Atomwaffensperrvertrag erst 1975 nach langen und erbitterten Auseinandersetzungen im Parlament wie in der Öffentlichkeit beigetreten. Franz Josef Strauß formulierte die Bedenken wie so oft in drastischer Form. In der *Welt* bewertete der damalige Finanzminister der Großen Koalition den Vertrag schon 1967 als «ein neues Versailles und zwar eines von kosmischen Ausmaßen». Alt-Bundeskanzler Konrad Adenauer bezeichnete im gleichen Jahr während seines Besuchs bei dem spanischen Diktator Franco den Vertrag als einen «Morgenthau-Plan im Quadrat» und fügte hinzu: «Ich hoffe, daß die Bundesrepublik nicht ihr Todesurteil unterschreibt.»[27] Der Präsident des Bundesverbandes der Deutschen Industrie sprach von der «äußersten Besorgnis der Industrie» und betonte, ohne Vertragsmodifikationen lasse sich errechnen, wann Westdeutschland das Niveau eines Agrarstaates erreicht habe. Schließlich wurde die Vertragsdauer auf Drängen der Bundesrepublik auf 25 Jahre befristet. Sogenannte zivile Atomexplosionen wurden erlaubt.

Trotz vieler Nachbesserungen des Atomwaffensperrvertrages, die die Bundesrepublik Deutschland und andere Unterzeichnerstaaten erreicht haben, ist diese wohlgemeinte internationale Übereinkunft janusköpfig geblieben. Denn die Nicht-Weiterverbreitung von Atomwaffentechnologie und die friedliche Nutzung der Kernkraft schließen einander aus. Eine klare Trennung zwischen zivilen und militärischen Programmen ist kaum möglich. Der ständige Verdacht, der sich mit dem Besitz von Plutonium verbindet, macht das allein schon deutlich. Ein entwickeltes ziviles Kernenergieprogramm ist auch eine Basis für Atomwaffen, und qualifiziertes Personal läßt sich in beiden Programmen einsetzen.

Alle dem Atomwaffensperrvertrag angeschlossenen Staaten haben sich verpflichtet, das im zivilen Bereich vorhandene Spaltmaterial nicht zur Herstellung von Atomwaffen zu verwenden und der Kontrolle durch die Internationale Atomenergiebehörde zu unterwerfen. Dadurch soll die illegale Verwendung von Spaltmaterial für militärische Zwecke verhindert werden. Die Ergebnisse dieser Kontrollen sind unterschiedlich. In jedem Fall bleiben sie ein Schlüsselfaktor für die Nicht-Weiterverbreitung. Die meisten illegalen Nutzungen können entdeckt werden. Entgegen den düsteren Erwartungen in den siebziger Jahren hat bislang kein Land den Atomwaffensperrvertrag gekündigt. Allerdings läuft der Vertrag 1995 aus, und ob oder in welcher Form er verlängert wird, ist derzeit offen.

Keines der sechs nuklearen Schwellenländer hat den Atomwaffensperrvertrag unterzeichnet. Dennoch kooperieren die Atommächte und andere Industriestaaten auch mit diesen Ländern im Rahmen der «friedlichen Nutzung der Kernenergie». Ihre Nuklearprogramme wurden in der Vergangenheit durch westliche Technologieexporte, insbesondere aus den USA, Frankreich, Kanada und der Bundesrepublik Deutschland gefördert. Französische und westdeutsche Firmen exportierten vor allem auch Anreicherungs- und Wiederaufbereitungsanlagen. Die zunehmenden wirtschaftlichen Schwierigkeiten der Atomindustrie in den Industrieländern führen heute sogar zu einer weiteren Verstärkung der Exportbemühungen; die mangelnde Kaufkraft bei den Importeuren setzt hier allerdings Grenzen.

Gerade in den Schwellenländern wird der Atomwaffensperrvertrag als neokolonialer, wenn nicht gar als rassistischer Vertrag kritisiert. Die Begründung lautet: Dieser Vertrag wie auch der informelle Zusammenschluß kerntechnisch führender Länder zum Londoner Lieferantenkartell, der Suppliers Group, diskriminieren die Schwellenländer und enthalten ihnen Nukleartechnologie zur friedlichen Nutzung vor.

K. Subrahmanyam, der ehemalige Direktor des staatlichen Strategie-Institutes in New-Delhi, zum Beispiel wendet sich gegen atomwaffenfreie Zonen in der Dritten Welt mit dem Argument, diese Empfehlung an den schwarzen und braunen Teil der Menschheit diene der Wiedereinrichtung des Protektorats des weißen Mannes. Die gegenwärtige Politik der Nicht-Weiterverbreitung von Atomwaffen nennt er eine Heuchelei: «Unter diesen Umständen den Staaten der Dritten Welt die Gefahren einer horizontalen Weiterverbreitung zu predigen, ist reine Heuchelei und Ablenkungstaktik. Wenn die Industrienationen über atomare Kriegführungskonzepte diskutieren, den Status ihrer Atomwaffen aufwerten und mystifizieren und ständig versuchen, ihre Atomarsenale in internationale Macht umzumünzen, dann ist es vollkommen logisch und legitim für die größeren Staaten der Dritten Welt, ihre neugewonnene Souveränität durch die Beschaffung von Atomwaffen zu verteidigen. Auf seiten der Industriestaaten zu behaupten, daß diese Atomwaffen nicht zur Sicherheit der Drittweltstaaten beitragen würden, ist reine Heuchelei. Obwohl es nicht zu ihrer Sicherheit beiträgt, halten sich die Industrienationen Atomwaffenarsenale, die ausreichen, die Welt mehrfach auszulöschen. Die Weiterverbreitung von Atomwaffen muß beendet werden, und zwar dort, wo sie mit einer rasenden Geschwindigkeit stattfindet – zwischen den industrialisierten Ländern.»[28]

Wie sehr aber zugleich die machtpolitische Argumentation der Dritte-Welt-Nationen der in den westlichen und östlichen Atommächten ähnelt, macht eine andere Aussage Subrahmanyams deutlich: «Die Vereinigten Staaten ignorierten China total und vernachlässigten das Land zwanzig Jahre lang, bis Nixon entdeckte, daß 800 Millionen mit Atomwaffen bewaffnete Chinesen nicht ignoriert werden konnten. Heute zählt Indien in den strategischen Kalkulationen der USA wenig und ist nur ein Objekt der US-Außenpolitik. Nur wenn Indien sich ein Atomarsenal zulegt, wird es seine Optionen erweitern.»[29]

Ali Mazrui, ein bekannter afrikanischer Sozialwissenschaftler, ist der Auffassung, das Mißtrauen der Nuklearwaffenstaaten gegenüber der Dritten Welt könne zu einem Aktivposten werden, wenn die Dritte Welt rüste. Man müsse die Nuklearmächte zunächst das Fürchten lehren, um sie zur nuklearen Abrüstung zu bewegen:

«Wenn sich kleine weiße Kinder in einer westlichen Gesellschaft schlecht benehmen, sagt die Mutter manchmal: ‹Benimm dich oder der große schwarze Mann wird kommen und dich mitnehmen!› Heute befassen wir uns nicht mit kleinen weißen Kindern, sondern mit weißen Erwachsenen in nördlichen Außenministerien, denen mit der Gefahr des großen schwarzen Mannes gedroht werden muß, der eine nukleare Keule schwingt. Mir ist klar, daß dies für viele Menschen aberwitzig klingen wird. Stellen Sie sich vor, daß der Kaiser Bokassa Napoleon mit einer Nuklearbombe spielt – oder Idi Amin einen Kriegstanz mit einem atomaren Sprengsatz aufführt! Wie kann ich nur erwägen, Nuklearwaffen in die Hände solcher Schmierendiktatoren zu legen? Meine Antwort hat mehrere Teile. Erstens, die sogenannten Schmierendiktatoren werden über kurz oder lang auf jeden Fall nuklear werden, außer, wenn wir diese Waffen für jedermann als illegitim erklären. Zweitens sind verrückte Führer nicht auf die Dritte Welt beschränkt. Die nördliche Hemisphäre hat in unserem Zeitalter sowohl Hitler als auch Stalin hervorgebracht. Und erinnern Sie sich, Nixon hat 1973 eine weltweite Nuklearbereitschaft angeordnet – unter anderem, um einen Teil seiner Würde inmitten des Watergate-Skandals zurückzugewinnen. Ein Führer wie er – zu Hause unter Beschuß – könnte nur zu leicht ein potentiell katastrophenartiges internationales Spiel aufnehmen. Mein drittes Argument betrifft den vergleichsweisen Schaden. Ein Schmierendiktator mit einem nuklearen Sprengsatz in der Dritten Welt kann in der Tat viele Menschen töten, aber es ist unwahrscheinlich, daß er die Kapazität hat, die Welt zu zerstören. Ein neuer Stalin, Hitler oder sogar Nixon in der nördlichen Hemisphäre jedoch hat die Vorräte, um die Menschheit auszulöschen.»[30]

Dem halten Johann Jörgen Holst und Gerald C. Smith in ihrem zu Beginn zitierten Bericht über die Zukunft der Nicht-Weiterverbreitung entgegen: «Im September 1985 haben 86 Mitgliedsländer des Atomwaffensperrvertrages an der dritten Überprüfungskonferenz teilgenommen. Das positive und konstruktive Schlußdokument war eine Überraschung und bietet Hoffnung auf die Stärkung der bestehenden Nicht-Weiterverbreitungskontrollen. Das ist besonders wichtig, weil der Vertrag 1995 verlängert werden muß. Doch bei der Konferenz zeigte sich auch erhebliche Ungeduld der Mitgliedsländer über mangelnde Fortschritte bei der Rüstungskontrolle, besonders über den Fehlschlag, ein Abkommen über ein Verbot von Nukleartests abzuschließen. Wir haben zwar noch etwas Zeit, aber sie ist begrenzt... Unbedingte Voraussetzung für einen Erfolg ist ein wirklicher Fortschritt in der Rüstungskontrolle auf seiten der nuklearen Supermächte.»[31]

Um die Weiterverbreitung von Atomwaffen zu verhindern, muß als erster Schritt der Export von Wiederaufarbeitungs- und Anreicherungstechnologie eingestellt werden. Zweitens ist ein völliger Verzicht auf den Umgang mit waffenfähigem Material erforderlich. Wenn die beiden großen Militärblöcke den Ländern der Dritten Welt auf der einen Seite empfehlen, auf Atomwaffen zu verzichten, aber zugleich weiterhin mit diesen Waffen Politik machen, so gleicht dies dem Versuch eines Trinkers, anderen vom Alkohol abzuraten. Der Schlüssel für wirksame Kontrollen liegt eindeutig in den Industrieländern. Doch die Atomindustrie hat sich, ebenso wie die Rüstungsindustrie, immer effektiver mit ihren Exportinteressen durchgesetzt.

Teil II
Waffen «Made in Germany» für die Dritte Welt

1. Die Bundesrepublik als großer Waffenlieferant: Wie die Ausnahmen zur Regel wurden

Wende im Rüstungsexport?

C-Waffen-Fabrik für Libyen: «keine gerichtsverwertbaren Beweise», U-Boot-Blaupausen für Südafrika: «nur Prüfung zugesagt», U-Boote für Chile: «innere Lage stand dem Export nicht entgegen», Hubschrauber für den Irak: «zivile Produkte», Tornados für Jordanien: «Verantwortung liegt in Großbritannien», Kleinwaffen für Saudi-Arabien: «vitale Interessen der Bundesrepublik Deutschland», Atombombenveredler Beryllium nach Indien: «als ziviler Export genehmigt», Raketenteile für Brasilien: «für friedliche Zwecke». Immer wieder wurden in den letzten Jahren dubiose Rüstungsexportgeschäfte bekannt, und zu jeder einzelnen der skandalträchtigen Transaktionen findet die Bundesregierung die passenden Worte. Man wiegelt ab, beschönigt, schiebt anderen die Verantwortung zu, gibt sich unwissend. Trotz angeblich restriktiver Rüstungsexportgesetze blüht das Geschäft, und die Regierung ist es offenbar zufrieden.

Im Verlauf der letzten Jahre jubelte die Rüstungsindustrie (gelegentlich zu früh), weil sie einige Großaufträge aus der Dritten Welt ankündigen konnte: Munitionsfabriken für Saudi-Arabien, Feldhaubitzen für Indien, Panzer für Thailand. Nicht alle Blütenträume der einschlägigen Branche gingen in Erfüllung. Dennoch stellte sich nach solchen Meldungen die Frage: Wird die Rüstungsindustrie zur Lokomotive der westdeutschen Exportwirtschaft? Hat auch im Rüstungsexport eine Wende stattgefunden? Der SPD-Abgeordnete Norbert Gansel, der nicht nur im Untersuchungsausschuß zur Aufklärung des Verkaufs von U-Boot-Konstruktionsplänen nach Südafrika bohrende Fragen über die Beteiligung der Regierung stellte, sondern schon die Regierung Schmidt/Genscher konsequent wegen ihrer großzügigen Handhabung der Exportgesetze kritisiert hatte, stellte in einer Parlamentsdebatte im Februar 1986 fest: «Bei Waffenexporten gab es schon in der Zeit der sozial-liberalen Regierung einiges zu kritisieren. Seit der Wende sind aber alle Hemmungen und Beschränkungen gefallen ... Vom Kontrolleur der Waffenexporte hat sich die Bundesregierung zum Förderer, ja, zum Kumpan entwickelt. Das ist eine grundgesetzwidrige, nein, eine verfassungsfeindliche Entwicklung.»[32]

Sind tatsächlich alle Beschränkungen gefallen? Hat sich die Waffenexportpolitik grundsätzlich geändert? Ganz so eindeutig liegt der Fall sicherlich nicht, denn auch in sozial-liberalen Zeiten wurde der Rüstungsexport nicht gerade restriktiv gehandhabt. So konnte die Regierung Kohl bei zwei Beispielen, die im Parlament nach der Wende kontrovers diskutiert wurden, genüßlich auf die Kontinuität ihrer Politik zur sozial-liberalen Regierung verweisen. Im ersten Fall ging es um die Exportgenehmigung für zwei von den Howaldtswerken Deutsche Werft (HDW) in Kiel hergestellte U-Boote für Chile. Zwar war es die Regierung Kohl, die diese Exportgenehmigung erteilt hatte, kritisch fragende Parlamentarier ließ man jedoch in trockenem Juristendeutsch wissen, die vorige Regierung habe den Bau der U-Boote genehmigt: «Diese Genehmigung beinhaltet wegen der darin enthaltenen Bezugnahme auf ein bestimmtes Land zugleich auch eine Zusicherung ..., auch die spätere Ausfuhr zu genehmigen, sofern sich die Sach- und Rechtslage nicht (ändert). Da eine solche Änderung nicht eingetreten war, wurde die Ausfuhrgenehmigung im März 1984 erteilt.»[33] In anderen Worten, die Regierung vollzog konsequent, was ihre Vorgängerin eingeleitet hatte.

Das zweite Beispiel betraf Saudi-Arabien: Als die intensive rüstungswirtschaftliche Kooperation zwischen Firmen aus der Bundesrepublik und Saudi-Arabien von Oppositionsabgeordneten kritisiert wurde, zählte der zuständige Staatssekretär des Wirtschaftsministeriums, Martin Grüner, zunächst einmal auf, welche Rüstungsexportgenehmigungen die sozial-liberale Regierung zu verantworten hatte: «So hat z. B. die damalige Bundesregierung 1977 der Ausfuhr einer Fertigungsanlage für Maschinengewehre und einer Sprengstoffabrik nach Saudi-Arabien zugestimmt. Beide Projekte sind in der Folgezeit nicht verwirklicht worden, weil die deutschen Unternehmen nicht zum Zuge gekommen sind. Weitere positive Entscheidungen der früheren Bundesregierung betrafen die Lieferung eines Minenräumsystems im November 1978 und die Lieferung von 72 Feldhaubitzen, Kaliber 155 mm, aus britischer Endfertigung im Oktober 1981. Außerdem wurden seit 1978 über mehrere Jahre fortlaufend Lieferungen von Komponenten für die Herstellung von Handfeuerwaffenmunition genehmigt.»

Grüner wußte, wovon er sprach. Er hatte schon vor der Wende in der sozial-liberalen Ära als Staatssekretär die Rüstungsexportpolitik verteidigt. Unmittelbar nach seiner Aufzählung kommt er zu der erstaunlichen Feststellung: «Aus dieser Darlegung des Sachverhalts ... ergibt sich, daß der Rüstungsexport der Bundesrepublik Deutschland nach Saudi-Arabien unverändert restriktiv gehandhabt wird.»[34] Unverändert vielleicht, aber restriktiv? Kanzleramtsminister Schäuble stellte in der gleichen Bundestagssitzung fest: «Die Bundesregierung sieht die politischen Grundsätze ihrer Vorgängerin vom April 1982 als brauchbare Richtlinie an.»[35] In der Tat arbeitet die Regierung weiterhin mit den damals – in der Endphase der sozial-liberalen Regierung – neu gefaßten Richtlinien, die die alten und restriktiveren Richtlinien ablösten und die politischen Grundsätze der Realität angepaßt hatten.

Der folgende Überblick über die Entwicklung des Waffenexports aus der Bundesrepublik wird zeigen, daß das große Geschäft mit den Waffen unter der sozial-liberalen Regierung seinen Anfang nahm und in dieser Zeit enorme Wachstumsraten zu verzeichnen hatte. An die unrühmliche Genehmigungspraxis ihrer Vorgängerin brauchte die Regierung Kohl nur anzuknüpfen. Es wird aber auch deutlich werden, was sich über alle Kontinuität hinaus seit der Wende verändert hat.

Die Entwicklung des westdeutschen Rüstungsexports

Als Folge des Zweiten Weltkriegs wurden der Bundesrepublik Deutschland und der DDR Rüstungsbeschränkungen auferlegt: Die Produktion von Kriegswaffen wurde zunächst untersagt und später auf bestimmte Waffengattungen eingeschränkt. Ferner war der Export von Rüstung über einen längeren Zeitraum verboten. Dies bedeutete jedoch nicht, daß die Waffenkonstrukteure der Nazis plötzlich arbeitslos geworden wären. Die wichtigsten Entwicklungsteams der nationalsozialistischen Rüstungsindustrie, besonders im Raketensektor, wurden 1945 von anderen Staaten angeheuert, vor allem von den USA und der UdSSR. Aber auch Frankreich gliederte deutsche Ingenieure in seine Flugzeugindustrie ein, um sich Kenntnisse im Strahltriebwerkbau zu sichern. Der Flugzeugbauer Messerschmidt verlagerte sein Unternehmen ins faschistische Spanien; andere Flugzeugbauer fanden Betätigungsfelder in Ägypten, Argentinien, später auch in Indien. Kleinwaffenhersteller aus Deutschland produzierten in Portugal. Schweizer Waffenfabrikanten erwarben zahlreiche Lizenzen zur Herstellung von Flugabwehrkanonen und Kleinwaffen.

Mit der grundsätzlichen Entscheidung, die Bundesrepublik in das nordatlantische Bündnis einzugliedern und einen Prozeß der Aufrüstung einzuleiten, kam es ab Mitte der fünfziger Jahre zur Wiederaufnahme der Rüstungsproduktion in großem Stil. Nie wieder dürften Deutsche Waffen tragen, nie wieder würden ihre Fabriken Waffen herstellen, hatten deutsche Politiker und Industrielle unter der moralischen Last der Nazi-Verbrechen nach dem Ende des Zweiten Weltkriegs gelobt. Doch als sich die Gelegenheit bot, mit Waffen wieder Geld zu verdienen, waren die heiligen Schwüre schnell vergessen. Die im Ausland tätigen Firmen kamen mit ihren Fachkräften zurück in die Bundesrepublik; einen Punkt Null der Rüstungsindustrie hat es daher nicht gegeben.

Die Wiederaufnahme der Rüstungsproduktion bewirkte in zweifacher Hinsicht Druck auf die Exportmärkte: Erstens waren die Hersteller an der Erschließung ausländischer Märkte interessiert. Sie drängten in den Export und argumentierten, die von der Bundeswehr beschafften Stückzahlen der jeweiligen Waffensysteme seien zu niedrig, um sie wirtschaftlich zu produzieren. Außerdem musterte die Bundesregierung die relativ rasch (meist im Ausland) zusammengekaufte Erstausstattung schon nach kurzer Zeit wieder aus. Ausrangierte Waffensysteme wurden verkauft und – teils geheim – auch in Spannungsgebiete geliefert.

Der Umfang der Waffenlieferungen stieg zwar ständig, bewegte sich aber in den fünfziger und sechziger Jahren – im Vergleich zu den Hauptwaffenexporteuren – in bescheidenem Rahmen. Nach den Statistiken von SIPRI machten die westdeutschen Exporte in den fünfziger Jahren nur 0,6 Prozent und in den sechziger Jahren 0,9 Prozent des gesamten Großwaffenexports in die Dritte Welt aus. Bemerkenswert ist weniger das Volumen des Exportes als vielmehr die Tatsache, daß trotz der im Grundgesetz verankerten gegenteiligen Absichten aus Westdeutschland überhaupt wieder Waffen geliefert wurden. Dabei handelte es sich zum Teil um Lieferungen und Know-how-Exporte, die erheblichen außenpolitischen Schaden verursachten: so beispielsweise die Tätigkeit westdeutscher Raketenbauer in Ägypten, die vom israelischen Geheimdienst entdeckt wurde.

Erst Ende der sechziger Jahre war die Rüstungsindustrie so weit entwickelt, daß sie zu Rüstungsexporten in großem Stile in der Lage war. Doch die Ausweitung des deutschen Rüstungsexports wurde mit dem Regierungswechsel und dem Beginn der sozial-liberalen Koalition im Jahre 1969 ernsthaft in Frage gestellt. Der damalige Verteidigungsminister Helmut Schmidt meinte 1970: «Tatsache ist, ob in Schwarzafrika, ob in anderen Erdteilen, daß wir mindestens ebenso viele politische Rückschläge, Nachteile, unerfreuliche Erfahrungen, vor allem auch moralisch unerfreuliche Erfahrungen gemacht haben, als wir etwa außenpolitische Vorteile vom Waffenexport gehabt hätten.»[36] Diese Einschätzung schlug sich sowohl in den 1971 beschlossenen restriktiven politischen Grundsätzen nieder, die im Prinzip Waffenexporte außerhalb der NATO ausschlossen, als auch in den Rüstungsexportstatistiken. Während der Anfangsphase der sozial-liberalen Regierung sanken (nach Einschätzungen von SIPRI als auch von ACDA) die westdeutschen Rüstungsexporte. Es sank vor allem der Export von Kriegswaffen, während die Lieferungen anderer Rüstungswaren (Schiffskörper, gepanzerte Mannschaftswagen, Ersatzteile etc.) nur leicht abnahmen.

Die Beschränkungen wurden jedoch nicht lange aufrechterhalten. Spätestens ab 1974 setzte ein regelrechter Boom ein. Mit Genehmigung der Bundesregierung beteiligte sich die bundesdeutsche Rüstungsindustrie am weltweiten Rüstungsexportboom und eroberte in der zweiten Hälfte der siebziger Jahre mit einer Verdreifachung des Umsatzes einen festen Platz unter den Hauptwaffenexporteuren. 1983/84 verdrängte die Bundesrepublik sogar Großbritannien von Platz vier der Hitliste der Waffenexporteure. Zu Beginn der sozialliberalen Regierung betrug das westdeutsche Rüstungsexportvolumen rund 100 Millionen US-Dollar, 1984, nach dem Ende dieses Regierungsbündnisses, wurde der bisherige Höhepunkt mit 2800 Millionen US-Dollar erreicht. Über 80 Prozent der Rüstungsexporte gingen in den letzten Jahren der sozial-liberalen Regierung in Entwicklungsländer, darunter durchaus nicht nur allgemeine Rüstungswaren, sondern vor allem auch Kriegswaffen.

Neben der erhöhten Kaufkraft einiger erdölexportierender Länder war für die Steigerungsraten des westdeutschen Rüstungsexports noch eine andere Ursache von ausschlaggebender Bedeutung: die Krise der norddeutschen Werften. Exporte sollten Kapazitäten auslasten und Arbeitsplätze sichern. Auf der Strecke blieben dabei die restriktiven Exportkontrollgesetze. U-Boote von HDW und Thyssen-

Rüstungsexport aus der Bundesrepublik

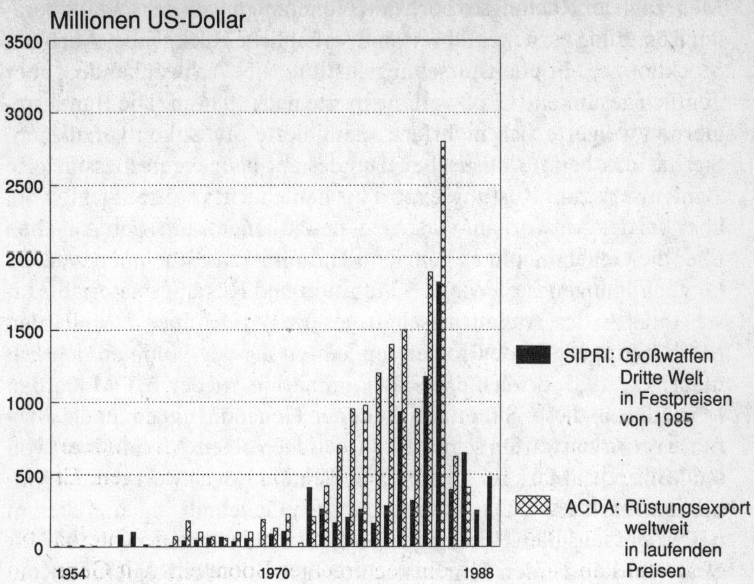

Nordseewerke, Fregatten von Blohm & Voss, Schnellboote von Lürssen sowie Abeking und Rasmussen fahren heute in den Marinen von mehr als zwei Dutzend Entwicklungsländern.

Wie die übrigen Rüstungsexporteure, so erlebte auch die westdeutsche Rüstungsindustrie – mit geringer zeitlicher Verzögerung – einen Rückgang der Aufträge ab Anfang der achtziger Jahre, der sich auch in geringeren Lieferungen niederschlägt. Der Grund für diesen Einbruch ist – wie bereits eingangs betont – vor allem in der ökonomischen Misere der Entwicklungsländer, nicht aber in Beschränkungen in der Exportpolitik zu suchen. Ausschließlich die hohe Verschuldung zahlreicher Waffenimporteure, die sinkenden Deviseneinnahmen der ölexportierenden Länder und die generelle ökonomische Krise in der Dritten Welt lassen das Geschäft mit dem Tode stagnieren.

Aus den veröffentlichten Zahlen über den westdeutschen Rüstungsexport läßt sich nicht ableiten, daß seit Antritt der Regierung Kohl alle Schleusen geöffnet sind. Denn die Statistiken der Rüstungskontrollbehörden registrieren nach 1984, einem Jahr, in dem noch die Mehrzahl der Rüstungsexporte auf Genehmigungen der sozial-liberalen Regierung zurückzuführen sind, erhebliche Rückgänge. Auch das Stockholmer Friedensforschungsinstitut gibt schwankende, aber deutlich gesunkene Großwaffenexporte nach 1984 an. Die Bundesregierung weigerte sich mehrfach, detaillierte Statistiken vorzulegen. Sie hat das beim Statistischen Bundesamt als geheim klassifizierte Zahlenwerk zum Rüstungsexport bis heute nicht veröffentlicht, wohl aber bei der Antwort auf verschiedene Parlamentsanfragen Angaben über die Genehmigungen gemacht. Daraus ist zu entnehmen, daß die Genehmigungen für «Waffen, Munition und Rüstungsmaterial» (Liste Teil I A des Außenwirtschaftsgesetzes) 1983 über 7 Milliarden Mark betrugen. In den folgenden Jahren lag das Volumen deutlich niedriger, 1987 erreichte es aber immerhin wieder 6,3 Milliarden Mark. Die in dieser Summe enthaltenen Genehmigungen für die Ausfuhr von Kriegswaffen schwankten zwischen einem Minimalwert von 0,6 Milliarden Mark im Jahr 1978 und einem Höchstwert von 3,4 Milliarden Mark 1984. Die umfangreichsten Genehmigungen in diesem besonders sensiblen Bereich wurden – in der Zeitspanne von 1977 bis 1987 – in den beiden Jahren nach dem Antritt der Regierung Kohl erteilt.

Gelegentlich wurden in der Presse wesentlich höhere als die hier angegebenen Zahlen genannt. Dabei wurden zum einen Exporte mit eingerechnet, die nach der Kernenergieliste des Außenwirtschaftsgesetzes genehmigt wurden und gelegentlich, zweifellos aber nicht in ihrer Mehrzahl, für Nuklearwaffenprogramme von Interesse sind. Zum zweiten handelt es sich um «Waren von sonstiger strategischer Bedeutung» (Teil I C der Liste des Außenwirtschaftsgesetzes). Hierunter sind gelegentlich ebenfalls militärisch interessante Güter enthalten (so auch Militärelektronik). Ziel dieser Liste ist jedoch nicht die Kontrolle des Rüstungsexportes, sondern der Technologie, die für die Sowjetunion und ihre Verbündeten von strategischer Bedeutung sein könnte. Die Teile I B und C der Genehmigungen nach dem Außenwirtschaftsgesetz können nicht in ihrer Gesamtsumme zu den Rüstungsexporten gezählt werden. Exakte Angaben über die Höhe des tatsächlichen Rüstungsexports sind nicht zu bekommen, weil die Zahlen mit einem Mantel der Geheimniskrämerei umgeben sind; die Statistiken von SIPRI und ACDA lassen aber dennoch Vergleiche mit anderen Ländern zu und geben den Entwicklungstrend wieder.

Die Großkunden der Bundesrepublik Deutschland (1982–86)

	Waffenexporte in Millionen US-Dollar
Welt	6 545
– Industrieländer	1 025
– Entwicklungsländer	5 520
1) Argentinien	1 400
2) Türkei	850
3) Kolumbien	675
4) Irak	625
5) USA	460
6) Niederlande	310
7) Oman	240
8) Griechenland	220
9) Kuweit	210
10) Malaysia	200
11) Indien	130
12) Chile	130
13) Peru	110
14) Australien	90
15) Portugal	90

Quelle: US-ACDA, Washington, 1988.

Alte Richtlinien – neue Politik

Nicht erst seit Mitte der achtziger Jahre, sondern bereits ein Jahrzehnt vorher eroberte sich die Rüstungsindustrie aus der Bundesrepublik Deutschland einen der führenden Plätze im internationalen Waffenhandel. Je nach Quelle rangiert sie mit einem Marktanteil von rund fünf Prozent heute an fünfter bzw. sechster, in einzelnen Jahren auch bereits an vierter Stelle. Die Liste der Empfängerländer hat sich in den achtziger Jahren nicht wesentlich geändert. Dennoch bestehen gewichtige Unterschiede zwischen der sozial-liberalen und der konservativ-liberalen Position im Waffenexport. Auf einen Unterschied wies der Vorsitzende der SPD, Hans-Jochen Vogel, in der Bundestagssitzung zur Beteiligung westdeutscher Firmen am Bau einer C-Waffen-Fabrik in Libyen Anfang 1989 hin: Auch während der sozial-liberalen Regierungszeit kamen – so Vogel – «Vorstöße für eine Beschränkung solcher Exporte... aus unseren Reihen, nicht aus Ihren Reihen, also den Reihen der damaligen Opposition. Seitdem Sie die Regierungsverantwortung tragen, hat sich das Klima in dieser Frage geändert. Maßgebende Repräsentanten der Union, an ihrer Spitze der verstorbene bayrische Ministerpräsident, haben sich immer wieder öffentlich für die Erleichterung der Rüstungsexporte ausgesprochen.»[37] Der Regierung Kohl warf er in vielen Rüstungsexportgeschäften «augenzwinkerndes Einverständnis» und «versteckte, sogar ganz unverhohlene Ermutigung und auch trickreiche Unterstützung» vor.

Auch wenn die Bundesregierung kein geschlossenes Bild in der Rüstungsexportpolitik abgibt, so hat sich bis zum Chemiewaffen-Skandal 1989, der Anlaß für eine Verschärfung der Ausfuhrbestimmungen war, eine offensive Waffenexportpolitik durchgesetzt. Regierungsmitglieder traten gelegentlich als PR-Reisende der Rüstungsindustrie auf. So beispielsweise 1985 der damalige Verteidigungsminister Wörner während einer Reise nach Japan, Südkorea und Indonesien, die in der Presse auch prompt als Verkaufsfahrt charakterisiert wurde und für die der Verteidigungsminister von den Rüstungslobby-Zeitschriften ein kräftiges Lob erhielt. Das Bild ist uneinheitlich. Es finden sich Elemente der Kontinuität, doch es wurden auch Neuerungen eingeführt und spektakuläre Geschäftsabschlüsse gefördert. Einem stagnierenden, in einzelnen Jahren sogar kräftig gesunkenen Rüstungsexport stehen deutliche Erleichterungen der Kontrollen und klare Signale an die Rüstungsindustrie gegenüber:

– 1983 vereinbarte Regierungschef Kohl mit Saudi Arabien eine weitgehende «Rüstungszusammenarbeit». Kooperationsvereinbarungen dieser Art hatte es vorher noch nie mit einem Entwicklungsland gegeben. Auch wenn der Export von Kampfpanzern weiterhin nicht genehmigt wurde, hatte dieses Abkommen eine neue Qualität. Die Regierung nannte die Zusammenarbeit einen «Ausdruck unseres vitalen Interesses an der Stabilität in der Golfregion»[38].

– Seit Frühjahr 1985 werden die ASEAN-Länder in puncto Rüstungsexport als NATO-gleichgestellt betrachtet. Dieser Schritt wird interessanterweise geostrategisch und außenpolitisch begründet: «Die Region der ASEAN-Staaten hat eine große strategische Bedeutung für die Seewege zwischen dem Indischen und Pazifischen Ozean... Die Bundesregierung will dazu beitragen, die machtpolitischen Einwirkungen der Großmächte aus den Konflikten der Region herauszuhalten.»[39] Außenpolitische Ambitionen mit deutschen Waffen?

– Im Juli 1983 dünnte die Bundesregierung die Kriegswaffenkontrolliste aus. Beispielsweise werden Starr- und Drehflügler, die nicht über moderne elektronische Kampfmittel verfügen, nicht mehr aufgeführt. Ihr Export wird damit erleichtert.

– Ebenfalls 1983 verzichtete die Bundesregierung generell auf ihr Veto beim Export des britisch-italienisch-westdeutschen Kampfflugzeuges Tornado. Allerdings war dieser Verzicht auf die Anwendung der restriktiven Exportregelungen in den Richtlinien von 1982, die noch von der sozial-liberalen Regierung verabschiedet wurden, bereits angelegt. Dort heißt es: «Kooperationen sollen im bündnispolitischen Interesse liegen. Bei Koproduktionen mit NATO-Partnern, die Gegenstand von Regierungsvereinbarungen sind, *sollen* (Hervorhebung H. W.) unter Beachtung unserer Kooperationsfähigkeit im Bündnis unsere rüstungsexportpolitischen Grundsätze soweit wie möglich verwirklicht werden. Dabei wird die Bundesregierung wie bisher dem Kooperationsinteresse Vorrang einräumen, ohne auf Einwirkungsmöglichkeiten bei Exportvorhaben zu verzichten.»[40] Im Klartext: wenn gemeinsam produzierte Waffen aus Frankreich, Italien, Großbritannien oder anderen NATO-Ländern exportiert werden sollen, wird die Bundesregierung die Kooperation nicht an eventuellen Exportvorbehalten scheitern lassen.

– 1988/89 ging die Bundesregierung noch einen Schritt weiter: Sie ließ sich von der britischen Regierung drängen, den Export von Tornado-Kampfflugzeugen nach Jordanien über die Kreditanstalt für Wiederaufbau zu finanzieren. Erst nach massivem öffentlichen Protest zog sie die bereits verabredeten Zusagen zurück. Die Kreditzusage kam dennoch in versteckter Form über eine Bank im Besitz des Freistaates Bayern zustande – wenn auch das Projekt letztlich an Finanzierungsproblemen scheiterte.

Feuertaufe für deutsche Waffen

Waffen «made in Germany» sind in den Kriegen und Konflikten der Dritten Welt keineswegs nur in Ausnahmefällen anzutreffen. Die gelegentlich als Rechtfertigung aufgestellte Behauptung, mit Waffen würden Regionen stabilisiert oder die gewaltsame Austragung von Konflikten verhindert, erweist sich als vordergründige Ausrede, die nur schwer die dahintersteckenden wirtschaftlichen Interessen kaschieren kann. Tatsächlich wurden und werden Waffen aus der Bundesrepublik, ihrem Zweck entsprechend, in Kriegen eingesetzt.

Bereits in den fünfziger Jahren gelangten mit Genehmigung der Alliierten Schnellboote nach Israel, die in verschiedenen Nahostkriegen eingesetzt wurden; Schnellboote für Indonesien erhielten ihre Feuertaufe im niederländischen Kolonialkrieg; Pakistan setzte westdeutsche Panzerabwehrraketen gegen Indien ein, Indiens Luftwaffe flog Angriffe mit von der Bundeswehr ausgemusterten Kampfflugzeugen; Schützenpanzer spielten in Mexiko bei innergesellschaftlichen Auseinandersetzungen eine Rolle, und Jagdbomber aus der Bundesrepublik setzten die Portugiesen in ihrem Kolonialkrieg in Afrika ein. Die Beispiele lassen sich nahtlos bis in die Gegenwart fortführen. Ob im Falkland/Malvinen-Krieg, im Golfkrieg, bei Militäreinsätzen gegen die Bevölkerung in Chile oder Südafrika, ob Lenkwaffen oder Lastkraftwagen, ob Maschinengewehre oder Militärelektronik, ob Flugzeuge oder Funkgeräte – Rüstungsgüter «made in Germany» sind weltweit im Einsatz.

Die Liste der Empfängerländer deutscher Waffen ist beängstigend lang, Waffen, sonstige Rüstungsgüter, Technologie zur Herstellung von Waffen, Baupläne, Ersatzteile und Militärhilfe wurden seit Ende des Zweiten Weltkrieges nachweislich an nicht weniger als 98 Entwicklungsländer geliefert – außerdem unter anderem an die NATO-Länder Portugal, Türkei und Griechenland. Bedeutung hat weniger die wirtschaftliche Größenordnung des Rüstungsexports, der unter einem Prozent des gesamten deutschen Exports liegt, als vielmehr die politische Brisanz des todbringenden Geschäftes. Denn die Mehrzahl, nämlich 69 der 98 Länder, an die Rüstung geliefert wurde, waren an einem oder mehreren Kriegen und kriegerischen Konflikten beteiligt (siehe dazu die Tabelle im Anhang). Die nach wie vor von den verantwortlichen Politikern aufrechterhaltene Position, der westdeutsche Rüstungsexport werde strikt kontrolliert, erweist sich damit als Mär. Insgesamt unterhielt die Bundesrepublik mit drei von vier potentiellen Empfängerländern rüstungswirtschaftliche Beziehungen.

In drei Bereichen kann von einer besonderen Rolle der Rüstungsfirmen aus der Bundesrepublik gesprochen werden:

Kleinwaffen: Lieferungen von Kleinwaffen, die sich in der Exportstatistik nicht mit besonders hohen Werten niederschlagen, sind eine Spezialität einzelner Firmen. Bekannt und berüchtigt – weil die Waffen in zahlreichen Kriegen eingesetzt wurden – sind insbesondere die Produktionsstätten der schwäbischen Firma Heckler & Koch. Mindestens 15 afrikanische, 10 lateinamerikanische und 13 asiatische Länder verfügen über das Heckler & Koch-G-3-Sturmgewehr. In der Bundesrepublik Deutschland wird es heute nicht mehr produziert, es wurde oder wird aber in den europäischen Ländern Griechenland, Türkei und Portugal sowie in Mexiko, im Iran, in Saudi Arabien, Malaysia, Pakistan und Thailand gebaut.

U-Boote: Kein Land der Welt lieferte so viele U-Boot-Neubauten in Entwicklungsländer wie die Werften aus der Bundesrepublik (besonders die im Besitz der öffentlichen Hand befindliche Howaldtswerke Deutsche Werft). In Lateinamerika praktizierte HDW erfolgreich die Methode, regionale Rüstungswettläufe für das eigene Geschäft nutzbar zu machen. Sieben lateinamerikanische Länder kauften bei HDW.

Lizenzen: Firmen aus der Bundesrepublik haben, um Märkte zu erobern, großzügig Lizenzen für die Produktion von Waffen vergeben. Zahlreiche Produkte, im Ausland in Lizenz oder in Kooperation gebaut, werden in Drittländer exportiert. In vielen Fällen wurde die Produktion vermutlich deshalb ins Ausland verlagert, um Exportkontrollen aus dem Weg zu gehen.

Neben den nach dem Kriegswaffenkontrollgesetz bzw. dem Außenwirtschaftsgesetz offiziell genehmigten, direkten Waffenexporten spielen vor allem drei Umwegstrategien bzw. Exportmethoden der Unternehmen eine zentrale Rolle: die bereits erwähnte Lieferung von Produktionsanlagen, die Kooperation mit ausländischen Firmen und die Deklarierung «dualer», also sowohl militärisch als auch zivil nutzbarer Güter als «zivile» Produkte. (Auf die Exporte «dualer» Güter wird an dieser Stelle nicht weiter eingegangen. Sie werden in den Kapiteln über die gesetzlichen Bestimmungen und über die Aufrüstung der Apartheid näher erläutert.) Der skandalträchtige und häufig in der Öffentlichkeit intensiv diskutierte illegale Waffenexport dürfte mengenmäßig wohl nur eine untergeordnete Rolle spielen.

U–Boot-Exporte aus der Bundesrepublik Deutschland

Stückzahl	Land	Ablieferung	Werft
15	Norwegen	1964–67	TNSW
2	Dänemark	1970–71	STVKopenh.
4	Griechenland	1971–72	HDW
2	Argentinien	1974	HDW
2	Peru	1974–75	HDW
2	Kolumbien	1975	HDW
2	Türkei	1975	HDW
3	Israel	1976–77	Vickers, GB
2	Venezuela	1976–77	HDW
2	Ekuador	1977–78	HDW
2	Türkei	1978–81	HDW/Gölcük
4	Griechenland	1979–80	HDW
4	Peru	1980–82	HDW
2	Indonesien	1981	HDW
1	Türkei	1983	HDW/Gölcük
2	Chile	1983–84	HDW
4	Indien	1986–	HDW/Mazagon
	Südafrika	1986	HDW/SA(Pläne)
1	Türkei	1987	HDW/Gölcük
3	Südkorea	1987–	HDW
4	Brasilien	1987–	HDW/Rio
4	Argentinien	1988–	TNSW/ADG–Tand.
6	Norwegen	1989–	TNSW
3	Israel		HDW

Quelle: Archiv Institut für Friedensforschung und Sicherheitspolitik Hamburg /SIPRI–Register

Produktionsanlagen für die Dritte Welt

In der frühen Phase des bundesdeutschen Rüstungsexports war die Dritte Welt noch weitgehend hegemonial aufgeteilt. Da es für deutsche Firmen keine «natürlichen» Märkte in den ehemaligen Kolonien gab und der Rüstungsexport zudem Beschränkungen unterworfen war, tat sich die Rüstungsindustrie zunächst schwer, Marktanteile zu erobern. Ihre Chance sah sie im Export von Produktionstechnologie, besonders für Kleinwaffen und Munition, später auch für Kriegsschiffe. Auf eine entsprechende Parlamentsanfrage antwortete die Bundesregierung 1984: «Nach den der Bundesregierung vorliegenden Informationen wurden – in den meisten Fällen bereits in den sechziger Jahren – Lizenzen für die genannten Waffen (Handfeuerwaffen und Maschinenwaffen bzw. -gewehre, H. W.) an folgende Länder vergeben: Brasilien, Burma, Frankreich, Griechenland, Großbritannien, Iran, Italien, Kanada, Kolumbien, Malaysia, Mexiko, Norwegen, Pakistan, Portugal, Saudi-Arabien, Schweden, Spanien, Thailand, Türkei.»[41]

Einmal in Schwung gekommen, begann die westdeutsche Rüstungsindustrie mit ihren Technologieexporten England und Frankreich in einigen Bereichen als angestammte Rüstungslieferanten zu verdrängen. Erst zu diesem Zeitpunkt entschieden sich andere westeuropäische und auch US-amerikanische Firmen, ebenfalls Produktionsanlagen zu liefern. Sie hatten solchen Geschäften zuvor reserviert gegenübergestanden. Inzwischen stellen viele Regierungen in Entwicklungsländern beim Kauf von Waffen die Bedingung, daß zumindest ein Teil der Produktion lokal durchgeführt werden muß. Lizenzproduktion von Waffen ist damit für Entwicklungsländer, die ein gewisses Industrialisierungsniveau erreicht haben, zur Regel geworden.

Kriegsschiffe wurden mit Know-how, Lizenzen und Zulieferungen aus der Bundesrepublik in Argentinien, Brasilien, Israel, Indien, Malaysia, Singapur und der Türkei gebaut. Argentinien erhielt Lizenzen für den Nachbau des Marder-Panzers. In Indien wird ein Transportflugzeug aus westdeutscher, in Ägypten ein Kampfflugzeug aus französisch/westdeutscher Produktion nachgebaut. Indonesien und die Philippinen bauen Hubschrauber nach Plänen aus der Bundesrepublik.

Das Verbot, Kriegswaffen zu exportieren, oder die Brisanz eines Waffenexportes läßt sich durch die Errichtung von Produktionsanlagen vor Ort umgehen, zumal ein derartiges Verfahren viele Tarnungsmöglichkeiten bietet. Damit sind nicht primär die spektakulären Fälle gemeint, wie die genehmigten und die illegalen Lieferungen von Atomtechnologie nach Pakistan, von Produktionsanlagen für die Herstellung von Chemiewaffen nach Libyen und in den Irak oder von Raketentechnologie nach Argentinien, Ägypten und wiederum in den Irak. Unterhalb dieser Ebene haben sich zahlreiche Firmen aus der Bundesrepublik im Systemmanagement, in der Herstellung von Elektronik und im Werkzeugmaschinenbau in Dritte-Welt-Ländern engagiert und leisten damit ingenieur-wissenschaftliche und industrielle Infrastruktur«hilfe» für die Waffenproduktion.

Die verschiedenen Bundesregierungen haben der Produktionsverlagerung lange Zeit relativ tatenlos zugesehen oder sogar Firmen in ihren Verlagerungsstrategien ermuntert. Nach dem Außenwirtschaftsgesetz unterliegen jedoch auch die Anlagen zur Herstellung von Waffen der Genehmigungspflicht. Das heißt, die Bundesregierung hat in vielen Fällen eine gesetzliche Handhabe zur Kontrolle dieser Exporte. Doch erst mit den 1982 von der sozial-liberalen Regierung verabschiedeten politischen Richtlinien nahm man sich der Lizenzvergabe an. In den Richtlinien wurden Lizenzen und Anlagen zur Herstellung von Kriegswaffen zur Kategorie «kriegswaffennahe sonstige Rüstungsgüter» zusammengefaßt. Diese Produkte wollte die Regierung von nun an ebenfalls kontrollieren und Genehmigungen restriktiv handhaben.

Die heutige Bundesregierung will davon nichts mehr wissen. Eine Verantwortung für die früher gelieferten Produktionsanlagen lehnt sie ab, bei Nachfragen stellt sie sich unwissend. So antwortete die Regierung auf Vorhaltungen im Parlament, im Ausland mit deutscher Lizenz hergestellte Waffen würden in Drittländer exportiert und in Kriegen eingesetzt: «Der Bundesregierung ist nicht im einzelnen bekannt, inwieweit in diesen Fällen (Vergabe von Produktionslizenzen für Kleinwaffen, H. W.) seinerzeit eine Lizenzfertigung überhaupt aufgenommen worden ist und inwieweit dort heute noch produziert wird.»[42] An anderer Stelle wird trotz eindeutiger Belege in der Fachpresse Unwissenheit vorgeschützt: «Es ist verschiedentlich in den Medien behauptet worden, daß Rüstungsgüter deutschen Ursprungs, insbesondere Handfeuerwaffen, auch in Ländern aufgetaucht sein sollen, in die die Bundesregierung einen Export nicht genehmigen würde. Erkenntnisse, ob es sich dabei um Lizenzprodukte handelte, liegen nicht vor.»[43] Sind die Informationen nicht mehr zu leugnen, wird die Verantwortlichkeit abgelehnt: «Die Kontrolle des Exports im Ausland hergestellter Waren – auch Waren aus einer Fertigung mit deutscher Lizenz – unterliegt ausschließlich der Verantwortung des Exportlandes. Aus Souveränitätsgründen kann sich eine Kontrolle nur auf das eigene Staatsgebiet erstrecken.»[44]

Tatsächlich wurde in zahlreichen Fällen versäumt, bei der ursprünglichen Lieferung den Endverbleib der mit westdeutscher Technologie hergestellten Waren zu regeln, so daß heute oftmals nicht mehr die Möglichkeit besteht, den Export zu verhindern – so zum Beispiel bei dem in Argentinien mit westdeutschem Know-how produzierten Kampfpanzer TAM. Als glaubwürdige Ausrede allerdings sind solche Fälle kaum geeignet. Denn selbst wenn die Bundesregierung in der Lage ist, die Produktion von Waffen mit deutschem Know-how in Kriegsgebieten zu behindern, macht sie von dieser Möglichkeit keinen Gebrauch. Im Gegenteil: im Falle des Iran etwa wurde die Waffenproduktion durch weitere Zulieferungen von Maschinen und Ersatzteilen aktiv gefördert.

Kooperation in Westeuropa

Zahlreiche Waffensysteme, die die Streitkräfte der europäischen NATO-Länder beschaffen, werden nicht national, sondern in Kooperation hergestellt. Für die Durchführung von Kooperationsprojekten sind vor allem zwei Gründe maßgebend: Erstens können aus finanziellen und technischen Gründen Großwaffensysteme häufig nicht mehr im nationalen Rahmen entwickelt, produziert und finanziert werden. Die Preissteigerungen bei Waffensystemen – in der Regel eine Verfielfachung des Preises von einer Waffengeneration zur nächsten – bewirkt die Reduzierung der Produktionsserien. Das vom Rüstungswettlauf zwischen den USA und der UdSSR bestimmte technologische Entwicklungstempo zwingt die westeuropäischen Rüstungskonzerne, besonders in der Luftrüstung, die Produktionsserien durch transnationale Kooperation zu erweitern.

Zweitens ist – wegen der vorhandenen Restriktionen im Export – die Kooperation mit ausländischen Firmen für Unternehmen aus der Bundesrepublik interessant, weil in der Regel der Export aus den Nachbarländern von der Bundesregierung nicht behindert, oft sogar kräftig gefördert wird. Mit dieser Umwegstrategie haben sich Firmen aus der Bundesrepublik an zahlreichen Rüstungsexportgeschäften primär aus Frankreich, aber auch aus Großbritannien, Belgien, Italien, Spanien und den Niederlanden beteiligt.

Die Kooperation hat unterschiedliche Formen und wird in verschiedenen Graden der Integration durchgeführt: Die einfachste Form ist die Zulieferung von Komponenten. Angesichts der bedeutenden Stellung der bundesrepublikanischen verarbeitenden Industrie verwundert es nicht, daß viele Firmen Zulieferer wesentlicher Teile von Waffensystemen sind, die in anderen westeuropäischen Ländern gebaut werden. So wird zum Beispiel eine große Zahl französischer, britischer, niederländischer und spanischer Kriegsschiffe mit Antriebsaggregaten von westdeutschen Herstellern ausgerüstet. Wird ein solches Kriegsschiff exportiert, so erscheint der in der Bundesrepublik gefertigte Wertanteil als Motorenexport (wobei nicht nach zivilen oder militärischen Waren unterschieden wird), während der französische oder britische Export des Schiffes (einschließlich des westdeutschen Teiles) als französischer oder britischer Waffenexport registriert wird. In der Tendenz weisen deshalb die westdeutschen Rüstungsexportstatistiken zu niedrige, insbesondere die französischen Statistiken zu hohe Werte aus.

Eine weiterentwickelte Form ist die kapitalmäßige Beteiligung bundesrepublikanischer Firmen im Ausland bzw. die Gründung von Firmen im Ausland. Kapitalbeteiligungen von MBB in Frankreich, Belgien und Spanien, von Daimler-Benz in einer französischen Rüstungsfirma und von Dynamit Nobel sowie Rheinmetall in den Niederlanden sind bekannt. Siemens hat 1989 zusammen mit der britischen Firma GEC den großen britischen Militärelektronikhersteller Plessey gekauft. Für die Problematik des Rüstungsexportes ist das bedeutsamste Beispiel die 50-prozentige Beteiligung von MBB an der in Paris ansässigen Euromissile. Denn Euromissile exportierte die Panzerabwehr-Lenkwaffen HOT und Milan (einschließlich der von MBB in der Bundesrepublik gefertigten Teile) in zahlreiche Länder – so nach Ägypten, Algerien, Angola, Argentinien, Chile, Gabun, Griechenland, Indien, Irak, Kamerun, Kenia, Kuweit, Libanon, Libyen, Marokko, Mexiko, Nigeria, Katar, Senegal, Somalia, Südafrika, Syrien und Tunesien.

Die Aufzählung verdeutlicht, daß die französische Regierung Exportgenehmigungen für Kriegs- und Krisengebiete erteilt. Die Regierung der Bundesrepublik Deutschland könnte – aufgrund des Außenwirtschaftsgesetzes – den Export der Komponenten nach Frankreich verhindern und müßte dies auch tun, wenn sie das Friedensgebot des Grundgesetzes ernst nehmen würde. Auch auf die Exportpraxis der Franzosen müßte sie Einfluß nehmen. Doch bislang ist kein Fall bekannt, in dem die für den Export notwendigen Genehmigungen versagt worden wären. Man verschanzt sich hinter der formaljuristischen Position, die französische Regierung sei für die Exporte verantwortlich. Selbst die Lieferung der Lenkwaffen nach Südafrika wurde 1974 von der damaligen sozial-liberalen Regierung nicht verhindert, ebensowenig stoppte die CDU/FDP-Regierung die Lieferungen in den Irak während des Golfkrieges.

Die dritte und ebenfalls problematische westeuropäische Kooperationsform ist die Produktion von Rüstung in Gemeinschaftsprojekten. Im wesentlichen handelt es sich hierbei um Produkte der Luftrüstungsindustrie, vor allem um das in deutsch-französischer Kooperation hergestellte Erdkampfflugzeug Alpha Jet und das britisch-italienisch-deutsche Kampfflugzeug MRCA Tornado. Der Alpha Jet wird in Ägypten nachgebaut und wurde an die Elfenbeinküste, nach Kamerun, Marokko, Katar und Togo geliefert. Saudi-Arabien erhielt MRCA-Tornados. Die offiziellen Begründungen für die jeweiligen Exporte waren unterschiedlich, immer aber wurde hervorgehoben, die Geschäfte würden nicht mit den bestehenden Gesetzen kollidieren. Beim Export des Alpha Jet nach Nigeria beispielsweise verschanzte sich 1979 der damalige Staatssekretär des Auswärtigen Amtes von Dohnanyi hinter der Behauptung: «Die Bundesregierung hat... der eventuellen Lieferung der Schulversion des deutsch-französischen Kampfflugzeugs Alpha Jet zugestimmt. Die Schulversion des Alpha Jet ist keine Kriegswaffe.»[45] Für Kenner entpuppte sich die Behauptung als allzu vordergründiger Trick; denn erstens hatte nicht die französische, sondern die westdeutsche Firma Dornier die Verkaufsverhandlungen geführt. Zweitens war zum damaligen Zeitpunkt noch nicht klar, ob Nigeria «nur» die Schulversion kaufen würde, und drittens verfügt auch die «Schulversion» über eine 30-mm-Bordkanone und ist als Bombenträger ausgerüstet. Der Alpha Jet ist damit zweifelsfrei eine Kriegswaffe. Im jüngst diskutierten Exportgeschäft des MRCA Tornado mit Jordanien versuchte die Bundesregierung nicht wegzudefinieren, daß es sich um eine Kriegswaffe handelt, sondern versteckte sich hinter der britischen Regierung, die für die Exportgenehmigung verantwortlich zeichnet.

Bis 1982 behielt sich die Bundesregierung vor, den Export von Waffen aus Gemeinschaftsprojekten durch ein Veto zu stoppen; in den Koproduktionsverträgen – so auch beim deutsch-französischen Alpha Jet – waren entsprechende Vertragsklauseln vereinbart worden. Nach kontroversen Diskussionen in den Regierungsparteien wurden die politischen Richtlinien jedoch noch von der sozial-liberalen Regierung unter Helmut Schmidt aufgeweicht und neu gefaßt. Von nun an galt – wie bereits oben erwähnt –, daß Koproduktionen mit NATO-Partnern Vorrang vor Exportrestriktionen haben. Zu deutsch: ein Freibrief für den Export aus westeuropäischen Ländern.

1984 bestätigte die Bundesregierung indirekt, daß die Praxis tatsächlich dieser Absichtserklärung entspricht. Auf die präzisen Fragen der Fraktion der Grünen nach dem Export von Kriegswaffen und sonstigen Rüstungsgütern aus Gemeinschaftsproduktionen mit Frankreich nach Südafrika, in den Irak und den Tschad sowie auf die Frage, ob der Export von Zulieferungen aus der Bundesrepublik unterbunden worden sei, antwortete sie: «Die Bundesregierung hat sich in ihren rüstungsexportpolitischen Richtlinien vorbehalten, zur Durchsetzung ihrer rüstungsexportpolitischen Ziele bestimmten Exportvorhaben des Kooperationspartners im Konsultationswege entgegenzutreten. An dieser Praxis hält sie fest. Sie ist bereit, in den zuständigen parlamentarischen Gremien zu Einzelfällen Stellung zu nehmen.»[46] Es wurde konsultiert; über das Ergebnis schweigt sich die Bundesregierung aus. Sie ignorierte die Frage, ob der Export von Zulieferungen verhindert wurde. Aus dieser Nicht-Antwort kann man schließen, daß die Bundesregierung zu derartigen Schritten seit der Verabschiedung der Richtlinien von 1982 nicht mehr bereit ist – auch nicht in gravierenden Fällen, wie bei der Lieferung an kriegführende Länder –, obwohl sie dazu vertraglich berechtigt ist. Die Praxis des deutschen Rüstungsexports ist damit in der Tendenz dem französischen Modell angepaßt.

Das Beispiel Saudi-Arabien

Ein Musterbeispiel für die Nutzung sowohl der Produktionsverlagerungsstrategie als auch der Lieferung aus Kooperationsprojekten ist die rüstungswirtschaftliche Beziehung zu Saudi-Arabien. Vom Ende der siebziger bis Mitte der achtziger Jahre waren Waffengeschäfte westdeutscher Firmen mit dem Königreich Saudi-Arabien Gegenstand politischer Auseinandersetzungen. Im Vordergrund stand dabei immer der mögliche Kauf des Kampfpanzers Leopard II. Quer durch die Parteien und auch in der Öffentlichkeit erhitzten sich die Gemüter an diesem potentiellen Geschäft. Während auf der einen Seite prinzipielle Bedenken gegen Waffenexporte und speziell das komplizierte Verhältnis der Bundesrepublik zu Israel geltend gemacht wurden, verwiesen die Befürworter auf die Bedeutung Saudi-Arabiens als wichtiger Öllieferant. Der damalige stellvertretende SPD-Vorsitzende Wischnewski bemühte 1981 unsere «nationalen Interessen» und wollte mit Waffenexporten der saudischen Regierung helfen, in der krisengeschüttelten Region «ein stabilisierender Faktor zu sein»[47]. Einige Jahre später argumentierte der damals amtierende Entwicklungshilfeminister Klein ähnlich und bezeichnete Waffenlieferungen als «durchaus vernünftig und erwägenswert», da Saudi-Arabien im Nahost-Konflikt «immer eine moderate Rolle» gespielt habe.[48]

Eine Exportgenehmigung für den Leopard wurde nie erteilt; doch dafür florierten andere Rüstungsgeschäfte um so besser. Während jahrelang die Lieferung des Kampfpanzers diskutiert wurde, lief gleichzeitig – quasi unbemerkt von der Öffentlichkeit – das Geschäft Rüstung gegen Öl auf vollen Touren. Die Vorgeschichte reicht weit zurück: Bereits 1965 verschiffte die Merex AG, eine einschlägig bekannte Firma des Waffenhändlers Mertins, im Auftrag des Bundesnachrichtendienstes Infanteriemunition für über 20 Millionen Mark; es folgten Artilleriegeschosse, Handgranaten, Kleinwaffen, Panzerabwehrwaffen und Patrouillenboote. Bis 1978 registrierte die amerikanische Regierung zwar regelmäßige, aber verhältnismäßig geringe Exporte aus der Bundesrepublik Deutschland nach Saudi-Arabien. Danach begann der Boom: Im Zeitraum von 1978 bis 1982 war Saudi-Arabien mit Importen im Wert von 550 Millionen Dollar (über 1,5 Milliarden Mark zum damaligen Kurswert) größter Waffenkunde Westdeutschlands – vor allen NATO-Ländern. Die Kaufkraft des Königreiches und die Angst westdeutscher Politiker, bei den Öllieferungen zu kurz zu kommen, machten manches Geschäft möglich, das kaum mit den bestehenden Gesetzen in Einklang zu bringen war und das außenpolitische Verhältnis zu Israel belastete.

Die amerikanischen Statistiken schweigen sich über die Art der

Lieferungen aus. Doch Insidern ist bekannt, daß die bundeseigene Fritz Werner AG zwischen 1973 und 1977 eine Fabrik zur Produktion von Gewehren aufbaute. Heckler & Koch lieferte Gewehre; Rheinmetall exportierte illegal, aber mit Unterstützung der Regierung, Maschinengewehre und Ersatzteile. Hochtief baute einen Militärflughafen; über Frankreich wurde aus einer Koproduktion von MBB ein Flugabwehrsystem geliefert. 1981 kaufte Saudi Arabien in der Bundesrepublik Funkgeräte und Minensuchsysteme. Im gleichen Jahr lieferte Krauss-Maffei Transportpanzer.

Westdeutsche Rüstungsexporte nach Saudi-Arabien

	Mio. US-Dollar
1964–1973	16
1974–1978	20
1978–1982	550
1982–1986	90

Quelle: US-ACDA, versch. Jahre.

Der aus der Tabelle ersichtliche Rückgang der Exportwerte ab 1982 vermittelt ein falsches Bild. Denn die beiden bislang größten Rüstungsexportaufträge, an denen Firmen aus der Bundesrepublik mit jeweils über 40 Prozent beteiligt sind, werden über Großbritannien abgewickelt und erscheinen deshalb in den Statistiken für die Bundesrepublik nicht. Es handelt sich hierbei um den Export von 72 Feldhaubitzen 70, die 1982 bestellt wurden, und von 72 MRCA-Tornado-Kampfflugzeugen im Jahr 1984. 1985, zu einem Zeitpunkt, als die Staatsanwaltschaft gegen Rheinmetallmanager wegen illegaler Waffenausfuhr nach Saudi-Arabien ermittelte, genehmigte die Bundesregierung den Firmen Rheinmetall, Thyssen und WASAG-Chemie die Ausfuhr von Konstruktionsplänen zum Aufbau einer Munitionsfabrik, in der Haubitzenmunition und Panzergeschosse gefertigt werden. Die riesige Dimension (7 Milliarden Mark wurde genannt) machte die Entsendung deutscher Experten und die Ausbildungshilfe der Bundeswehr erforderlich. Im Troß von Franz-Josef Strauß fuhren dann 1986 Firmenvertreter von Thyssen, MBB, Siemens, BMW und Krauss-Maffei nach Saudi-Arabien. MTU repariert und modernisiert vor Ort französische Panzer; Blohm & Voss liefert ebenso wie die Werft Abeking und Rasmussen Patrouillenboote.

Mit diesem politischen und industriellen Engagement wurde die 1983 vereinbarte enge Rüstungszusammenarbeit mit Saudi-Arabien in die Tat umgesetzt. Während in der Öffentlichkeit weiterhin dem nicht genehmigten Leopardexport nachgetrauert und von «restriktiven» rüstungswirtschaftlichen Beziehungen gesprochen wird, ist längst eine breit angelegte Rüstungskooperation zu Lande, zu Wasser und in der Luft etabliert.

Nicht Waffenexporte, lediglich Informationen werden beschränkt

Wer sich systematisch über den Umfang westdeutscher Rüstungsexporte informieren will, ist vor allem auf zwei ausländische Quellen angewiesen – die in diesem Buch häufig benutzten Jahrbücher des Stockholmer Friedensforschungsinstitutes SIPRI und die regelmäßig erscheinenden Berichte der US Arms Control and Disarmament Agency. Über viele, meist skandalträchtige Exportgeschäfte wird in der Presse in der Bundesrepublik berichtet. Es fehlt jedoch eine öffentlich zugänglich Exportstatistik. Die beim Statistischen Bundesamt geführte Außenhandelsstatistik zu Rüstungsexporten wird weiterhin nicht zugänglich gemacht.

Mehrfach setzte sich die Bundesregierung in der Vergangenheit für die «Einrichtung eines zentralen Registers der VN für Waffenexporte und Waffenimporte» ein, da nach ihrer Meinung «die Verfügbarkeit verläßlicher Daten über Rüstungspotentiale der Mitgliedstaaten eine Voraussetzung für das Zustandekommen konkreter Abrüstungsschritte ist.»[49] Eine Weitergabe solcher Daten an die Öffentlichkeit aber lehnt man im eigenen Land ab. Parlamentarier werden mit der Antwort beschieden, «daß Angaben zu Rüstungsexporten aus politischen Gründen – wie auch die Praxis anderer Länder zeigt – nur ein begrenztes Maß an Publizität vertragen»[50]. Ein reines Gewissen hat man offenbar nicht. Abgeordnete des Deutschen Bundestages werden darauf verwiesen, «diese Gesamtproblematik und ihre Details in entsprechenden Ausschüssen des Deutschen Bundestages (also geheim, H. W.) zu erörtern, weil dort auch außenpolitische Rücksichtnahmen... in anderer Weise geübt werden können, als das im Plenum des Deutschen Bundestages und damit in der Öffentlichkeit möglich ist...»[51]

Auf die offenere Informationspraxis in den Vereinigten Staaten angesprochen, verteidigte der Abgeordnete der CDU/CSU Lattmann in einer Parlamentsdebatte die Geheimniskrämerei der Bundesregierung mit der Einlassung: «Die Statistiken, die in den Vereinigten Staaten gefertigt werden, haben... letztlich die Funktion von Erfolgsmeldungen.» Und er fügte hinzu: «Die Information – darin liegt der Sinn dieser Statistik –, daß bestimmte Länder bestimmte Rüstungsgüter beziehen, würde in anderen Ländern der Region zusätzliche Begehrlichkeiten wecken.»[52]

Wie wenig informiert sich die Bundesregierung gibt, zeigt eine Parlamentsdebatte aus dem Jahr 1985, die hier ausführlich zitiert werden soll. Abgeordneten bleibt oft nur Ironie, um den nichtssagenden und ausweichenden Antworten der Bundesregierung zu begegnen. Der Abgeordnete Dr. Jens (SPD) fragte, welche Länder und welche Unternehmen auf einer Rüstungsmesse in Malaysia ausstellen. Derartige Messen sind inzwischen in vielen Ländern der Dritten Welt etabliert worden; sie dienen der Anbahnung von Waffengeschäften. Die Bundesregierung, die für die Kontrolle des Exportes zuständig ist, müßte ein eminentes Interesse daran haben, bereits über die Anbahnung von möglicherweise problematischen und brisanten Geschäften informiert zu sein bzw. sie bereits im Vorfeld zu verhindern. Das Parlamentsprotokoll vermerkt zur Frage des Abgeordneten Dr. Jens:

«Grüner, Parl. Staatssekretär beim Bundesminister für Wirtschaft: ...der Bundesregierung ist nicht bekannt, welche Länder und wie viele Unternehmen der jeweiligen Länder sich an der Defence-Ausstellung... beteiligen. Die Bundesregierung beteiligt sich nicht an dieser Ausstellung. Inwieweit deutsche Firmen in eigener Initiative vertreten sein werden, ist der Bundesregierung nicht bekannt.

Vizepräsident Stücklen: Weitere Zusatzfrage, Herr Abgeordneter Gansel.

Gansel (SPD): Herr Staatssekretär, hat sich die Bundesregierung zur Beantwortung dieser Frage bei der deutschen Botschaft in Kuala Lumpur informiert, und wissen Sie, ob an der deutschen Botschaft einheimische Zeitungen gelesen werden, in denen darüber berichtet wird, daß sich Firmen aus der Bundesrepublik an dieser Verkaufsausstellung für Kriegswaffen beteiligen?

Grüner, Parl. Staatssekretär: Herr Kollege, ich kann Ihnen nicht sagen, aus welchen Quellen die Antwort, die ich Ihnen hier vortrage, im einzelnen gespeist sind. Ich kann nur wiederholen, daß uns nicht bekannt ist, welche Firmen an dieser Ausstellung teilnehmen werden...

Gansel (SPD): Herr Staatssekretär, hätten Sie Verständnis dafür, wenn sich der Ältestenrat mit dem Verhalten von Regierungsmitgliedern beschäftigen würde, die den Abgeordneten in Fragestunden Antworten geben, die auf Uninformiertheit schließen lassen, und denen dann auf Nachfrage noch bedeutet wird, man kenne die Quelle nicht, aus der man seine eigene Unwissenheit schöpfe? Können Sie verstehen, daß man eine Fragestunde damit ad absurdum führen kann?

Vizepräsident Stücklen: Herr Abgeordneter Gansel, diese Frage kann ich nicht zulassen...

Dr. Klejdzinski (SPD): Herr Staatssekretär, ist es zuviel verlangt, daß sich das Bundeswirtschaftsministerium die Mühe macht, sich über die deutsche Botschaft in Kuala Lumpur den Ausstellungskatalog zu besorgen...?

Grüner, Parl. Staatssekretär: Herr Kollege, das ist, wenn ein solcher Wunsch besteht, sicher nicht zuviel verlangt. Aber ich bitte doch um Verständnis: Weder in der Frage noch in irgendeiner anderen Initiative ist ein solches Ansinnen gestellt worden...

Roth (SPD): Wir sind uns also, wenn ich die Frage einmal so formulieren darf, einig, daß Sie uns bzw. dem Hauptfragesteller, Herrn Jens, nachdem Sie den Kern der Frage aus den Nachfragen erkannt haben, unmittelbar mitteilen, ob und in welcher Weise dort deutsche Firmen beteiligt waren?

Grüner, Parl. Staatssekretär: Es ist gar kein Problem, Ihnen über die Botschaft – einmal unterstellt, daß diese Botschaft einen Ausstellungskatalog hat oder sich ihn besorgen kann – eine Ablichtung dieses Katalogs zukommen zu lassen, damit Sie ihm diese Information entnehmen können. Das werde ich sehr gerne veranlassen.

Gansel (SPD): Herr Staatssekretär, ist die Bundesregierung, wenn sie über die Geldmittel verfügt, um sich den Ausstellungskatalog zu besorgen, bereit, ihn einer des Lesens kundigen Person der Bundesregierung zu übergeben und uns hier über das Ergebnis zu informieren?

Grüner, Parl. Staatssekretär: Auch dazu ist die Bundesregierung bereit.

Vizepräsident Stücklen: Keine weiteren Zusatzfragen.»[53]

Wirtschaftlicher Druck und politischer Rückenwind

Das Geschäft mit Waffen ist stärker als andere Exportgeschäfte politisch geprägt. Es waren politische Entscheidungen, die bis Anfang der siebziger Jahre die Expansion der Rüstungsexporte aus der Bundesrepublik verhindert haben. Und es war die Aufweichung der Exportregelungen durch die verantwortlichen Politiker, die die notwendigen Voraussetzungen für den folgenden Exportboom geschaffen hat. Das wirtschaftliche Interesse an hohen Exporterlösen und an Arbeitsplätzen in der Rüstungsindustrie – speziell in der krisengeschüttelten Werftindustrie – dominierte von nun an vor außenpolitischen – und ebenso vor moralischen – Bedenken. Genehmigungen wurden großzügiger erteilt, der Export von Waffen, die in Zusammenarbeit mit ausländischen Firmen produziert werden, wurde ebensowenig unterbunden wie die Lieferung von Produktionstechnologie. Schließlich wurden großzügig militärische Güter als zivil deklariert. Im Zweifelsfalle – und nicht nur dann – wurde für die Rüstungswirtschaft entschieden.

Seit jeher hat die Rüstungsindustrie Druck zur Ausweitung der Rüstungsexporte ausgeübt. Dieser Druck hat in den letzten Jahren zugenommen, da bei den Großwaffensystemen abzusehen war, daß die Beschaffungsprogramme der Bundeswehr auslaufen würden und die Folgegenerationen erst ab Mitte der neunziger Jahre produktionswirksam werden. Teile der Rüstungsindustrie klagen wegen Überkapazitäten, die sie nun für den Export nutzen wollen. Die ökonomischen Perspektiven auf dem Weltmarkt für Waffen sind allerdings – vor allem aufgrund der Schuldenkrise – nicht mehr so günstig wie in den siebziger Jahren. Argentinien beispielsweise, jahrelang der beste Kunde der norddeutschen Werften, leidet unter chronisch hoher Verschuldung und Devisenmangel und mußte die Waffenimporte drastisch einschränken. Unter anderem trug auch der Rüstungsimport in vielen Ländern zur Verschärfung der Verschuldungskrise bei. Wer heute Waffen exportieren will, muß das Finanzierungspaket mitliefern. Fregatten für Portugal etwa, die deutschen Werften Aufträge von rund 900 Millionen Mark erbrachten, werden mit knapp 400 Millionen Mark subventioniert, teils als Militärhilfe, teils durch Kreditbürgschaften – volkswirtschaftlich gesehen eine wahrlich teure und ineffektive Werftenhilfe.

Auch das im Zusammenhang mit Rüstungsexporten gern bemühte beschäftigungspolitische Argument erweist sich bei näherem Hinsehen als wenig stichhaltig. Höchstens 60000 Arbeitsplätze hängen vom Rüstungsexport ab. Selbst eine Verdoppelung des Rüstungsexports, die zweifellos außenpolitische Komplikationen und weitere Verstrikkungen in internationale Krisen verursachen würde, könnte nicht als substantieller Beitrag zur Lösung der Arbeitslosigkeit verstanden werden. Außerdem existiert in den meisten Entwicklungsländern eine Konkurrenz um finanzielle Mittel zwischen dem militärischen und dem zivilen Sektor. Was an Arbeitsplätzen durch Rüstungsexporte gewonnen wird, geht anderen Branchen verloren.

Nicht nur außenpolitische und moralische, sondern auch handfeste wirtschaftliche Einwände sprechen also heute gegen den Rüstungsexport. Für die offizielle Bonner Politik zählt jedoch auch dieses Argument wenig. Vorrang haben die Interessen der Rüstungsindustrie. Die innenpolitische Stabilität des «Modells Deutschland», gebunden an wirtschaftliche Erfolge auf dem Weltmarkt, verlangt in den Augen mancher Politiker auch florierende Waffengeschäfte – trotz oder vielleicht gerade wegen der Absatzkrise. Der Trend geht dahin, Waffenhandel als ganz normales Geschäft zu betrachten. Daneben haben allerdings auch geostrategische Erwägungen Eingang in die bundesdeutsche Rüstungsexportpolitik gefunden. Auch in der Vergangenheit, auch unter der sozial-liberalen Regierung wickelten bundesdeutsche Rüstungsunternehmen eine Vielzahl von Waffengeschäften mit der Dritten Welt ab. Aus Ausnahmen, die oft mit angeblich positiven Arbeitsplatzeffekten begründet wurden, entstanden Präzedenzfälle, denen immer mehr und immer größere Geschäfte folgten. Die ständig durchbrochene außenpolitische Konzeption aber hieß bis 1982 durchgehend: grundsätzlich keine Waffenexporte in Länder außerhalb der NATO. Dieser Grundsatz ist de facto aufgegeben worden. Die Dämme sind gebrochen; auf dem Weg zu diesem Dammbruch durch die Regierung Kohl wurde vorher von der Regierung Schmidt kräftig an den Schleusen manipuliert.

Die Ausnahmen sind heute zur Regel geworden. Inzwischen wird offen gefordert, die Bundesregierung solle sich ebenso verhalten wie die Regierungen Frankreichs und Großbritanniens. Das bedeutet auch aktive Verkaufsförderung. Wirtschafts- und Außenminister müßten nach diesen Vorstellungen künftig bei ihren Auslandsreisen intensiv für die Rüstungsindustrie tätig sein. Nach Einschätzung der Konservativen ist die Zeit für eine grundsätzliche Revision reif. Auch in der Rüstungsexportpolitik galt die Vergangenheit als bewältigt, bis der Imhausen-Chemiewaffenskandal Anfang 1989 selbst eingefleischte Befürworter des Waffenexports aufschreckte.

Der entscheidende Unterschied in der Rüstungsexportpolitik der sozial-liberalen und der konservativ-liberalen Regierung liegt nicht darin, daß sich die Zahl der Empfängerländer wesentlich geändert hätte oder daß das Volumen der Exporte drastisch gestiegen wäre. In der sozial-liberalen Ära genehmigte die Regierung, unter Beibehaltung restriktiver Richtlinien, zahlreiche und umfangreiche Waffenexportgeschäfte, allerdings immer mit Hinweisen auf den Ausnahmecharakter. Die Regierung Kohl ist nicht so zimperlich und gibt – trotz Kritik in den eigenen Reihen – der Rüstungsindustrie deutliche Signale für eine offensive und aggressive Verkaufsstrategie – auch in Krisengebiete.

2. Ausgehöhlt, umgangen, gebeugt und gebrochen: Gesetze und was sie wert sind

Neu war der Vorgang nicht: Als die Bundesregierung wegen der Lieferung einer C-Waffen-Fabrik durch deutsche Firmen Anfang 1989 und wenige Monate später wegen der Lieferung von Raketentechnologie in den Irak, nach Ägypten und Argentinien öffentlich heftig kritisiert wurde, erklang auch der Ruf nach einer Verschärfung der Kontrollgesetze wieder. Immer wenn der Rüstungsexport aus der Bundesrepublik Deutschland international ins Zwielicht gerät, sollen schärfere Gesetze dem düsteren Treiben Einhalt gebieten. Dabei sind es gar nicht solche spektakulären, illegalen Geschäfte, die die Stellung der Bundesrepublik als einer der Hauptwaffenexporteure der Welt begründen. Denn die Mehrzahl der Rüstungsexporte wird mit Genehmigung und oft auch tatkräftiger Förderung der zuständigen Behörden abgewickelt. Das wesentliche Problem sind nicht die windigen Transaktionen der Imhausens & Co.; es ist vielmehr die permanente Aufweichung der bestehenden Gesetze durch die politischen Entscheidungsträger und die Kontrollbehörden selbst, die für legal erklären, was die Gesetze ursprünglich einmal verbieten sollten.

Zwei Gesetze, das Kriegswaffenkontrollgesetz (KWKG) und das Außenwirtschaftsgesetz (AWG) regeln heute Herstellung, Transport, Handel und Export von Rüstungsgütern. Das Bundesamt für Wirtschaft in Eschborn bearbeitet die Exportanträge der Rüstungsfirmen; das Auswärtige Amt kann unter außenpolitischen Kriterien Stellung nehmen, das Verteidigungsministerium unter sicherheitspolitischen Aspekten, und das Wirtschaftsministerium kommentiert unter wirtschaftspolitischen Gesichtspunkten. Entschieden wird in brisanten Fällen im Bundessicherheitsrat, in dem die genannten Ministerien sowie das Kanzleramt vertreten sind. Handelt es sich um Routinefälle, entscheidet bereits das Eschborner Amt.

Bevor die beiden Gesetze 1961 verabschiedet wurden, existierten bereits die Kontrollen der Alliierten. Im Brüsseler Vertrag über die Westeuropäische Union aus dem Jahre 1954 verpflichtete sich die Adenauer-Regierung für die Bundesrepublik, nukleare, chemische

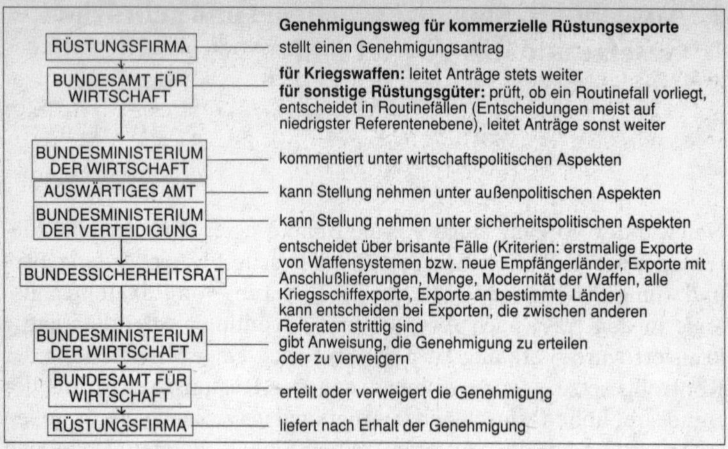

und biologische Waffen in ihrem Gebiet nicht herzustellen. Außerdem wurde vereinbart, auf die Produktion von Flugkörpern großer Reichweite und Lenkflugkörpern, von Bombenflugzeugen für strategische Zwecke, Kriegsschiffen (mit mehr als 3000 Tonnen Wasserverdrängung) und U-Booten (mit mehr als 350 Tonnen) zu verzichten.

Doch weder Gesetze noch internationale Verträge können den Export von Kriegswaffen verhindern, wenn der politische Wille zur Kontrolle fehlt. Schon bevor der WEU-Vertrag geschlossen wurde, hatten die Alliierten bei Schnellbootexporten der Firma Lürssen nach Ecuador die Augen zugedrückt, denn die Bundesregierung war im Begriff, der NATO und der WEU beizutreten. In London wurde ein Rüstungskontrollamt eingerichtet, um die neuen westdeutschen Waffenfabriken jederzeit kontrollieren zu können. Die Bonner CDU-Regierung verschleppte jedoch die Ratifizierung der Ausfuhrbestimmungen sieben Jahre lang, so daß eine effektive WEU-Kontrolle nicht möglich war. Die Alliierten stimmten der schrittweisen Aufhebung der WEU-Beschränkungen zu, bis dann in den achtziger Jahren die letzte Hürde, das Verbot des Baus von weitreichenden Raketen, abgeschafft war. Ein wirkliches Hindernis waren diese Beschränkungen jedoch nie. So unterliefen beispielsweise die norddeutschen U-Boot-Werften die Tonnagebeschränkung, indem sie 1000-Tonnen-U-Boote in mehreren Segmenten lieferten und in den

Empfängerländern montierten. Da die Werften mit Lieferungen an das NATO-Land Griechenland begannen, hatten die alliierten Kontrollbehörden keine Einwände. Das Beispiel der Segmentlieferungen nach Griechenland wurde dann zum Vorbild für zahlreiche Geschäfte mit der Dritten Welt. Zwar gab es gelegentlich Rügen der WEU-Kontrollkommission, internationale Sanktionen gegen westdeutsche Rüstungsexporteure wurden jedoch nicht verhängt.

Ausgangspunkt für das KWKG und das AWG ist Artikel 26 des Grundgesetzes, in dem ein generelles Verbot «friedensstörender Handlungen» formuliert ist. Dieses Verbot wird im Absatz 2 des Artikels 26 konkretisiert: «Zur Kriegführung bestimmte Waffen dürfen nur mit Genehmigung der Bundesregierung hergestellt, befördert und in Verkehr gebracht werden.» Als Ausführungsgesetz zu Artikel 26 des Grundgesetzes wurde 1961 das KWKG verabschiedet. Danach *kann* die Genehmigung der Bundesregierung für die Herstellung und den Handel mit Kriegswaffen insbesondere versagt werden, wenn anzunehmen ist, daß die Geschäfte den auswärtigen Beziehungen der Bundesrepublik zuwiderlaufen. Die Genehmigung *muß* versagt werden, «wenn die Gefahr besteht, daß die Kriegswaffen bei einer friedensstörenden Handlung, insbesondere bei einem Angriffskrieg, verwendet werden» (§ 6 KWKG).

Die Gesetzeslage scheint demnach klar zu sein. Kriegswaffen hätten also beispielsweise auf keinen Fall in den letzten Jahren an den Irak geliefert werden dürfen. Unklar ist aber, was genau eine Kriegswaffe ist. In der ständig aktualisierten Kriegswaffenliste des KWKG ist alles aufgeführt, was dem Begriff des Kriegerischen offensichtlich entspricht: Atomwaffen, chemische und biologische Waffen, Flugkörper, Minen, Bomben, Kampffahrzeuge, Kriegsschiffe, Kriegsluftfahrzeuge, sonstige Kriegswaffen wie Kanonen, Haubitzen, Mörser, Flugabwehrkanonen, Raketenwerfer, Torpedos, Munition etc. Alles weitere bleibt vage und ungenau.

Kriegswaffennahe und sonstige Rüstungsgüter werden durch das ebenfalls 1961 – vor allem mit Blick auf die Sowjetunion und ihre Verbündeten – verabschiedete AWG kontrolliert. Die Embargolisten des AWG sind zwar umfangreicher als die Kriegswaffenliste, da auch Produktionstechnologie, Fertigungsunterlagen, Rüstungsmaterial usw. erfaßt sind, die Gründe für ein Versagen von Genehmigungen sind jedoch sehr viel enger gefaßt. Das bundesdeutsche Exportprinzip beruht auf dem Grundsatz: Was nicht ausdrücklich untersagt ist, darf exportiert werden – anders als in den USA, wo jeder Export genehmigt werden muß.

Die im vorigen Kapitel beschriebene Umwegstrategie der Rüstungsfirmen, nämlich nicht fertige Kriegswaffen, sondern Produktionstechnologie und Know-how zu liefern, macht sich diesen liberalen Grundsatz des AWG zunutze. Was nicht schießt und knallt, so die Einstellung in Bonn, ist keine Waffe und darf somit geliefert werden. Im AWG wird außerdem den Genehmigungsbehörden ein großer Ermessensspielraum eingeräumt: Exportgeschäfte, so heißt es im Gesetz, «*können* beschränkt» werden, um «eine Störung des friedlichen Zusammenlebens der Völker zu verhüten». Artikel 7 des AWG läßt zudem Beschränkungen nur dann zu, wenn die Bundesregierung darauf verweisen kann, daß sonst die auswärtigen Beziehungen «erheblich gestört werden». In der Praxis bedeutet dies: Güter, die sowohl zivil als militärisch genutzt werden können, und auch Produktionstechnologie zur Herstellung von Waffen, Konstruktionszeichnungen oder sonstige Fertigungsunterlagen passieren die Kontrollen meist unbeanstandet. Der Interpretationsspielraum wird im Regelfall im Interesse der Wirtschaft ausgelegt. Bezeichnenderweise heißt ja auch das zuständige Amt in Eschborn «Amt *für* Wirtschaft».

In kritischen oder in Zweifelsfällen argumentierten die jeweiligen Bundesregierungen bis heute, es handele sich um unproblematische, nicht-militärische Güter. So beispielsweise bei Hubschrauberlieferungen in den Irak oder nach Südafrika und bei der Kooperation in der Raketenentwicklung mit Brasilien; militärische Lastkraftwagen mit Maschinengewehrluken werden als zivile Fahrzeuge deklariert und Atomtechnologie dient angeblich ausschließlich der Gewinnung von Energie. Wenn Fahrzeuge, Flugzeuge oder Fertigungstechnologie nicht «für militärische Zwecke besonders konstruiert» sind, bedürfen sie nach Interpretation der Bundesregierung und auch einiger Gerichte nicht der Genehmigung, auch nicht, wenn sie bekanntermaßen und in den beanstandeten Fällen nachweisbar von Streitkräften im Krieg eingesetzt werden. Die eigentlich als Bremse gedachten Gesetze werden so «großzügig» ausgelegt, daß nichts mehr übrig bleibt, was gesetzwidrig sein könnte. Wenn Genehmigungsbehörden und Gerichte den Begriff «besonders konstruiert» auf «ausschließlich für militärische Zwecke konstruiert» verengen, gehen selbst Unternehmen wie die Firma Kolb straffrei aus, die Laboranlagen in den Irak exportierte, mit denen dort C-Waffen hergestellt werden können.

Auch das doch recht eindeutig formulierte KWKG läßt sich mit dem nötigen politischen Willen beinahe nach Belieben beugen und umgehen. Mit offizieller Genehmigung wurden ausgemustertes Gerät der Bundeswehr, speziell für den Export konzipierte U-Boote von HDW und Thyssen-Nordseewerke, Fregatten von Blohm & Voss, Torpedo- und Schnellboote von Lürssen, Abeking Rasmussen sowie der Kröger-Werft, Kleinwaffen von Heckler & Koch und von Mauser, die Abwehrraketen Cobra, Milan und Kormoran sowie Hubschrauber von MBB, Kampfflugzeuge von Dornier, Luftüberwachungssysteme, Computer und Militärelektronik von Siemens, AEG, Krupp Atlas Elektronik, Rhode und Schwarz und MBB, der Schützenpanzer Marder von Rheinstahl, Kanonen von Rheinmetall in aller Herren Länder exportiert – egal ob es sich um Kriegs- oder Spannungsgebiete handelte.

Wie entspannt man ein Spannungsgebiet?

1971 beschloß die sozial-liberale Regierung «Grundsätze für den Export von Kriegswaffen und sonstigen Rüstungsgütern», um den Genehmigungsbehörden verbindliche politische Richtlinien zu geben. Hauptpunkt der Richtlinien war die Feststellung, daß Länder in «Spannungsgebieten» grundsätzlich keine Kriegswaffen erhalten sollten. Auch Genehmigungen für sonstige Rüstungsgüter sollten versagt werden, wenn eine Störung des friedlichen Zusammenlebens der Völker oder eine erhebliche Störung der auswärtigen Beziehungen der Bundesrepublik Deutschland zu befürchten sei. Was aber ist ein Spannungsgebiet? An dieser Einschätzung entzündete sich in den Folgejahren des öfteren Streit zwischen Befürwortern und Gegnern des Rüstungsexports; denn schon bald nach Verabschiedung der Richtlinien hielt sich die Regierung selbst nicht mehr an die von ihr entworfenen restriktiven Prinzipien und entschied häufig, Länder in Krisenregionen zu Nicht-Spannungsgebieten zu erklären.

Es blieb immer offen, ob nur Spannungen zwischen Staaten gemeint waren, oder ob auch innergesellschaftliche Konflikte berücksichtigt werden sollten. Die sozial-liberale Regierung begann schon wenige Jahre nach der Verabschiedung der Richtlinien von 1971, den Begriff Spannungsgebiet sehr eng auszulegen. In einem Interview mit der *Frankfurter Rundschau* meinte 1978 der damalige Staatssekretär im Verteidigungsministerium Schnell: «Die Liste der Spannungsgebiete ist im Laufe der letzten Jahre etwas gelockert worden.»[54] Je nach politischer Opportunität oder bei entsprechendem Druck der Exportlobby wurden Gebiete im Auswärtigen Amt als kritisch eingestuft oder «entspannt». «Jede Regierung benötige ein Minimum an Flexibilität», meinte Hans Apel als Verteidigungsminister, und deshalb dürfe man sich in der Frage des Rüstungsexportes nicht «absolut restriktiv einseitig» entscheiden.[55] Staatssekretär Grüner hatte dem Parlament bereits im Jahr zuvor klargemacht, wie unproblematisch das von Militärs mit brutaler Gewalt regierte Argentinien als Waffenkunde sei. Die Marine Argentiniens hatte dann im Falkland/Malvinas-Krieg das zweifelhafte, für die Marine und die Herstellerwerft HDW aber gleichermaßen interessante Privileg, als erste und bislang einzige Streitkraft seit dem Ende des Zweiten Weltkriegs U-Boote im Ernstfalle zu testen. Deutsche U-Boote kriegsbewährt – ein verkaufsträchtiger Werbeslogan für HDW.

Ebenso beliebig verfuhr die Regierung mit dem Begriff Spannungsgebiet auch 1978 im Falle des Iran, ein halbes Jahr bevor der Schah stürzte. Der Mittlere Osten galt zweifellos als Spannungsgebiet. Als die Regierung des Iran jedoch sechs U-Boote bei HDW in Kiel bestellte, «entspannte» das Auswärtige Amt kurzerhand den Iran, obwohl die innergesellschaftlichen Konflikte unübersehbar waren. Nach dem Sturz des Schah, als ein Verkauf an das neue Regime nicht mehr in Frage kam, und noch bevor das erste U-Boot vom Stapel gelaufen war, bemühten sich dann die Werftmanager aus Kiel, die zum Teil bereits bezahlten U-Boote irgendwo in der Welt zu verkaufen. Schließlich fanden sie mit der chilenischen Militärdiktatur einen interessierten, aber problematischen Kunden. Zwei der sechs ursprünglich vom Schah bestellten U-Boote wurden schließlich nach heftigen Kontroversen an die chilenische Marine ausgeliefert. Die iranische Regierung besteht nun ebenfalls auf der Lieferung und hat auch gute Chancen, die Kriegsschiffe zu erhalten; denn die Bonner Regierung hat die Lieferung nicht prinzipiell abgelehnt, sondern lediglich die Genehmigung von einem Ende des Golfkriegs abhängig gemacht.

Mit den neuen «Politischen Grundsätzen der Bundesregierung für den Export von Kriegswaffen» vom April 1982 zog die sozial-liberale Regierung schließlich die Konsequenz aus der Kluft zwischen Theorie und Wirklichkeit und ersetzte den Begriff «Spannungsgebiet» weitgehend. In den bis heute gültigen Richtlinien heißt es für Nicht-NATO-Länder: «Der Export von Kriegswaffen (nach KWKG und AWG genehmigungspflichtig) wird nicht genehmigt, es sei denn, daß auf Grund besonderer politischer Erwägungen Ausnahmen allgemeiner Art festgelegt werden oder im Einzelfall vitale Interessen der Bundesrepublik Deutschland für eine ausnahmsweise Genehmigung sprechen. Vitale Interessen sind außen- und sicherheitspolitische Interessen der Bundesrepublik Deutschland unter Berücksichtigung der Bündnisinteressen.»[56] Von Spannungen ist als Kriterium für die Entscheidungsfindung nur noch insofern die Rede, als die Lieferung von Kriegswaffen und kriegswaffennahen sonstigen Rüstungsgütern «nicht zu einer Erhöhung bestehender Spannungen beitragen» darf. Der schwammige und nie klar definierte Begriff Spannungsgebiet, der der jeweiligen Regierung sehr viel Spielraum ließ, wurde durch den ebenfalls sehr vagen und zudem, je nach politischer Couleur, beliebig anwendbaren Begriff «vitale Interessen» ersetzt. Es ist alles andere als verwunderlich, daß die Regierung Kohl mit diesen von der Regierung Schmidt verabschiedeten Richtlinien ihre Rüstungsexportpolitik betreiben kann.

Handel und Politik: Vertrauen ist gut, Kontrolle nicht nötig

Es liegt in der Natur des Geschäfts, daß über illegale Waffentransfers im Regelfall noch weniger bekannt ist als über die offiziell genehmigten Exporte. Wie hoch die Dunkelziffer des gesetzwidrigen Rüstungsexports ist, können nicht einmal Insider schätzen. Doch längst nicht alle Fälle, die es nach Geist und Buchstaben der angeblich so restriktiven Kontrollgesetze nie hätte geben dürfen, sind illegal. Oftmals handelten die Firmen im Einvernehmen und mit ausdrücklicher Billigung der Regierung. Die in jüngster Zeit gelieferten Giftgas- und Laboranlagen für den Irak und Libyen beispielsweise sind nur zwei aus einer langen Liste von Chemiewaffenfabriken, die von deutschen Firmen – trotz des Verbotes – mit und ohne Wissen der Regierungen seit dem Ende des Ersten Weltkrieges nach Spanien, in die Sowjetunion, nach Jugoslawien, Brasilien, Japan, China, Rumänien, in die Türkei und nach Schweden geliefert wurden. Kritiker der siebzigjährigen Geschichte deutscher C-Waffen-Exporte meinen, «die bekanntgewordenen Details aus dem Giftgashandel mit Ghaddafi offenbaren eine ungebrochene Tradition von Tarnung und Täuschung, Profitgier und Skrupellosigkeit, Vertragsbruch und politischer Heuchelei – sieben Jahrzehnte geheimster Aktivitäten. Das Geschäft mit Libyen war die jüngste Variante einer alten, schlechten Gewohnheit.»[57]

Am Beispiel des Exports einer C-Waffen-Fabrik ins libysche Rabta läßt sich die Kumpanei von Industrie und Politik, das Zusammenspiel von Geschäftemacherei und blinder Exportwut, von politischem Dilettantismus und trickreicher Verkaufsstrategie, von der Unwilligkeit zu Kontrollen und kriminellen Handlungen illustrieren. Die Fakten sind schnell berichtet: Unter Federführung der Chemiefirma Imhausen erstellten deutsche Firmen Berechnungen für Fabrikhallen; sie lieferten Baumaschinen und Werkzeuge, Computer, Pumpen und Entsalzungsanlagen; sie entsandten Bauleiter und Ingenieure, sie exportierten die kompletten Anlagen – angeblich für eine Arzneimittelfabrik – über Tarnfirmen und erstellten zur Täuschung der Kontrollbehörden in der Bundesrepublik eine parallele Anlage in Hongkong. Doch die Lieferung einer kompletten Giftgasfabrik, die Libyen vielleicht in die Lage versetzt, Massenvernichtungsmittel einzusetzen oder deren Einsatz anzudrohen, ist nicht nur eine Geschichte undurchsichtiger Geschäfte, sie ist gleichzeitig ein Beweis für den Unwillen der Regierung, derartige Geschäftspraktiken zu unterbinden.

Für die westdeutsche Öffentlichkeit begann der Skandal am 1. Januar 1989 mit einer Veröffentlichung der *New York Times*. In dem Bericht, der sich auf informierte Quellen in der amerikanischen Regierung berief, wurde die Behauptung aufgestellt, westdeutsche Firmen ermöglichten Ghaddafi den Griff zur Chemiebombe. Die Bundesregierung zeigte sich von den amerikanischen Beschuldigungen überrascht und erweckte den Eindruck, sie habe erst seit rund sechs Wochen Kenntnis von diesen Informationen. Als dann in den US-Medien von einem Auschwitz im Wüstensand die Rede war, reagierte Regierungssprecher Ost empört und wandte sich in aller Schärfe gegen die «Kampagne amerikanischer Medien». Bundeskanzler Kohl hieb in einem Interview mit der *Welt* am 11. Januar 1989 in die gleiche Kerbe: «Ich habe nicht nur hier, sondern auch gegenüber verschiedenen amerikanischen Stellen gesagt, daß ich es als unerträglich empfinde, wenn man die Deutschen jetzt auf die Anklagebank setzt, ohne daß wir die Möglichkeit haben, die Beweismittel einzusehen. Das ist kein Umgang unter Freunden.»[58] Wenige Tage später mußte dann Regierungssprecher Ost zugeben, man habe bereits im Oktober 1988 von dem Vorgang erfahren. Die Beschwichtigungsformel aber hieß weiter: «Hinweise sind in einem Rechtsstaat keine Beweise.»[59] Für die Einleitung eines sofortigen Gerichtsverfahrens sah man in Bonn keine Notwendigkeit. Die Außenwirtschaftsprüfung der Oberfinanzdirektion Freiburg erbrachte am 6. Januar 1989 als vorläufiges Ergebnis einen Persilschein für die Firma Imhausen; sie endete am 19. Januar mit der Erkenntnis, der Export nach Hongkong sei nicht genehmigungspflichtig gewesen. Noch am 13. Januar, als die Öffentlichkeit immer mehr Details durch die Presse erfuhr und der Skandal nicht mehr zu vertuschen war, blieb Regierungssprecher Ost bei seiner Version, es gebe keine weiteren Hinweise. In einem Bericht der Bundesregierung vom 18. Januar und während einer Parlamentsdebatte am 17. Februar 1989 wurde dann das gesamte Ausmaß der dubiosen Geschäfte, der mangelnden Kontrollen und des Unwillens der Regierung zu handeln offensichtlich (Siehe hierzu die Skandalchronik westdeutscher Giftgasexporte nach Libyen im Anhang).

Nicht erst durch die Informationen der US-Regierung im November 1988 erfuhr die Bundesregierung von dem Aufbau der Giftgasfabrik. Acht Jahre lang hatte der Bundesnachrichtendienst das Bundeskanzleramt und die zuständigen Ministerien informiert – zunächst mit ungesicherten und vagen Hinweisen. Aber bereits 1981 – noch zu Zeiten der sozial-liberalen Regierung – verdichteten sich die Informationen über die Ernsthaftigkeit der libyschen Bemühungen. 1985 wurde erstmals in einem Bericht der deutschen Botschaft in Moskau der Name Imhausen erwähnt. Das Wirtschaftsministerium gab sich mit der Erkenntnis zufrieden, Imhausen habe keine Ausfuhrgenehmigung erhalten. Im August 1987 – und nach zahlreichen weiteren Berichten – bestätigte der Bundesnachrichtendienst aufgrund von Satellitenaufnahmen, daß die Anlage bei Rabta mit großer Wahrscheinlichkeit der Produktion von Kampfstoffen dient. Die Bundesregierung aber blieb weiterhin untätig. Schon Wochen bevor sich der Bundeskanzler und sein Sprecher Anfang 1989 der Öffentlichkeit als unwissend präsentierten und nicht zögerten, wider besseres Wissen den «amerikanischen Freunden» Vorwürfe zu machen, hieß es im Protokoll des Bundessicherheitsrates: «In den Produktionsstätten in der Wüste wurde ein gewaltiges Potential chemischer Waffen hergestellt... und deutsche Fachleute sollen beteiligt sein.»

Bis Ende 1988, also noch bevor die *New York Times* ihren Artikel veröffentlichte und noch bevor der Kanzler der Öffentlichkeit und dem Parlament glauben machen wollte, er wisse nichts, hatte die Bundesregierung allein von den USA auf der Arbeitsebene der Geheimdienste und politischer Spitzengespräche 15 Hinweise auf eine mögliche, später dann wahrscheinliche Beteiligung deutscher Firmen erhalten. Ende 1988 verfügte die Bundesregierung über 36 Geheimdienstberichte, die bezüglich der Beteiligung westdeutscher Firmen immer konkreter wurden und auch die Firmen, einschließlich des bundeseigenen Salzgitter-Konzerns, namentlich benannten. Die Berichte enthielten genügend Material für die Einschaltung der Staatsanwaltschaften. Sie wurden den Staatsanwaltschaften vorenthalten. Da die Bundesregierung immer noch nicht reagierte, entschloß sich die amerikanische Regierung um die Jahreswende, Informationen an die Presse zu geben. Erst aufgrund der folgenden Presseberichte konnten die Gerichte tätig werden. «Warum», so fragte der US-Abrüstungsexperte Gary Milhollin, «ist Westdeutschland so lax?» Zwar habe er keine Beweise, daß «deutsche Politiker dafür bezahlt werden, wegzugucken», stets würden sie sich jedoch weigern, «Lücken in der Gesetzgebung zu suchen oder zuzugeben».[60] In der Tat kündigte die Bundesregierung erst im Februar 1989, nachdem es für die Fabrik in Rabta zu spät war, Maßnahmen zur Verschärfung der Kontrollen an.

Der Fraktionsvorsitzende der Opposition, Hans-Jochen Vogel, nannte die Behandlung der Affäre «eine überaus peinliche Mischung von Hilflosigkeit, Aufbegehren und Vertuschungsversuchen». Er wies darauf hin, daß es sich nicht um einen Einzelfall handelte: «Die Liste der bedenklichen Geschäfte ist in der Zwischenzeit immer länger geworden. Ich nenne dafür nur drei Beispiele: Lieferung von U-Boot-Plänen an Südafrika, Lieferung von Tritium an Pakistan und von Beryllium nach Indien, Lieferung von Tornados an Jordanien und demnächst wohl auch an Südkorea ... Ich sprach von versteckter, mitunter sogar öffentlicher Ermutigung und von allerlei Tricks, für die man sich nicht zu schade war, um solche Geschäfte über die Runden zu bringen ... Eine Mischung von Ermutigung und Tricks gab und gibt es beim Südafrikageschäft. Die Ermutigung durch den verstorbenen bayrischen Ministerpräsidenten ist aktenkundig geblieben, obwohl der Leiter Ihrer außenpolitischen Abteilung die interessantesten Beweisstücke, die gerichtsverwertbar waren, dem Reißwolf überantwortet hat, vielleicht auch unter dem Gesichtspunkt des Datenschutzes... Herr Bundeskanzler, spüren Sie eigentlich den Widerspruch nicht, daß Sie einerseits in der Giftgasaffäre volle Aufklärung versprechen, anderseits aber drei Tage später in der U-Boot-Affäre durch einen Mehrheitsbeschluß unser Minderheitenrecht so beeinträchtigen und damit die Aufklärungsarbeit des Untersuchungsausschusses so blockieren, daß sie nur mit Hilfe des Bundesverfassungsgerichts in Karlsruhe wieder in Gang gesetzt werden kann?... Dabei geraten Sie, Herr Kollege Genscher, mehr und mehr in die Rolle eines Mannes, der nach außen gute Positionen vertritt, die aber in Wahrheit gar nicht mehr die wirklichen Positionen der Bundesregierung oder des Bundeskanzlers sind.»[61]

Warum können westdeutsche Firmen, die illegale Waffenexportgeschäfte betreiben, relativ sicher sein, gerichtlich nicht belangt zu werden? Eine entscheidende Ursache – das beweist die Chronologie des Exports der C-Waffen-Fabrik nach Libyen – ist in der Inaktivität der Bundesregierung zu suchen. In einer juristischen Bewertung heißt es: «Der besondere Skandal im skandalösen Verhalten der Bundesregierung liegt darin, daß die Bundesregierung, ihr voran der Bundeskanzler, den demokratischen Rechtsstaat der Öffentlichkeit gegenüber als ohnmächtigen Nachtwächterstaat darstellt, der keinerlei Möglichkeiten habe, kriminelle Aktionen zu unterbinden, solange die Täter nicht gerade ihre eigene Festnahme und Überführung erwirken... Die Einleitung eines Ermittlungsverfahrens wird bereits mit dem Entstehen eines Anfangsverdachts erforderlich... Die Bundesregierung wäre verpflichtet gewesen, die Verdachtshinweise in- und ausländischer Geheimdienste an die zuständige Staatsanwaltschaft weiterzuleiten und für die Einleitung eines Ermittlungsverfahrens Sorge zu tragen... Jeder mit Strafverteidigungen befaßte Anwalt kann mit Dutzenden von Beispielfällen belegen, daß es zur Alltagspraxis der Staatsanwaltschaft und ihrer Hilfsorgane (der Polizei) gehört, auf bloße anonyme Hinweise und Tips, in einer Wohnung sei Rauschgift gelagert, eine Durchsuchung der Wohnung zu veranlassen.»[62]

Warum hat die Bundesregierung nicht schon früher, spätestens 1985, in der Giftgasaffäre reagiert? Neben dem im Parlament kritisierten Dilettantismus spielt zweifellos eine entscheidende Rolle, daß in Bonn konsequent die Ideologie «Export, Export über alles» vertreten wird. Erst wenn der öffentliche Druck groß ist, bequemt sich die Regierung zu einer Überprüfung von Verdachtsmomenten. Ob auch Schmiergelder eine Rolle gespielt haben, wie von dem oben zitierten amerikanischen Experten angedeutet, ist nicht bekannt. Immerhin aber hält sich in Bonn hartnäckig das Gerücht, daß Waffenexporte in den arabischen Raum für Politiker in Bonn ein Zubrot gebracht haben.

Dunkle Geschäfte – nur selten sind sie illegal, noch seltener werden sie bestraft

Wie die Gerichte Verstöße gegen das Kriegswaffenkontroll- und das Außenwirtschaftsgesetz ahnden, läßt sich an einigen wenigen Fällen illustrieren. Die fatale Verknüpfung von Handel und Politik wird durch den inzwischen klassischen Fall des Waffenhändlers Mertins deutlich. Mertins hatte in den sechziger Jahren von der Bundeswehr ausgemustertes Gerät über Umwege in Spannungsgebiete exportiert. Länder, die sich im Zeichen des Kalten Krieges und der Hallstein-Doktrin als treue Verbündete und Freunde erwiesen, wurden bevorzugt behandelt. Als die Waffen dann in Kriegen eingesetzt wurden, so beispielsweise zwischen Indien und Pakistan, wurde Mertins Mitte der siebziger Jahre angeklagt, da es keine amtliche Ausfuhrgenehmigung gab. Zum Erstaunen mancher Rüstungsexportkritiker erhielt der Waffenhändler einen Freispruch, denn er konnte nachweisen, in enger Abstimmung mit der damaligen Regierung und im Auftrag des Bundesnachrichtendienstes gehandelt zu haben.

Heute brüstet sich Mertins damit, «die Wünsche meiner Regierung» erfüllt zu haben. «So hat unser Geschäft angefangen. Weil die Regierung es wollte, haben wir in der Dritten Welt ein Netz aufgebaut, um entsprechende Wünsche der Länder zu erfüllen. Wir haben damit ja auch viel Gutes angerichtet», meinte Mertins in einem Interview in der *Zeit*, «quasi ergänzende Entwicklungshilfe geleistet. In manchen Ländern haben wir wie in der Transkei und im Tschad ein Innenministerium aufgebaut, auch in anderen Ländern, in denen die Kommunisten schon Einfluß hatten. Dann haben wir vor allem altes US-Material aus Überschußbeständen einer nutzbringenden Verwendung zugeführt.»[63]

Der Waffenhändler Gerhard Mertins hat Grund, auf seine Geschäfte stolz zu sein; denn weil sein Ruf als ehrbarer Kaufmann («Wir sind normale Exporteure») durch die Anklage gelitten hatte, drehte er nach dem Freispruch den Spieß um und verlangte Schadenersatz. Aus der Staatskasse erhielt er fünf Millionen Mark. Das Geschäft – nach dem Geist bestehender Exportgesetze illegal – wurde für ihn zu einer doppelten Einnahmequelle.

Mit einer ähnlichen gerichtlichen Begründung wie im Falle Mertins kam ein Jahrzehnt später der ehemalige Vizepräsident des Polizeipräsidiums von Oberbayern, Willi Schmutterer, glimpflich davon. Er wurde wegen versuchten Verstoßes gegen das Kriegswaffenkontrollgesetz von einem Münchener Schöffengericht zu zehn Monaten Haft mit Bewährung und 10000 Mark Geldbuße verurteilt. 1983 hatte er versucht, die Lieferung von 600 Maschinenpistolen und 125 NATO-Gewehren an den damals kriegführenden Irak zu vermitteln. Schmutterer handelte dem Urteil zufolge in dem Wunsch, «im Auftrag seiner Dienstherrn die Beziehungen zwischen dem Irak und der Bundesrepublik zu verbessern». Mildernd berücksichtigte das Gericht, daß seine Tätigkeit als Kontaktmann bei Bund und Freistaat Bayern «nicht nur geduldet, sondern erwünscht gewesen sei».[64]

Bekannt ist inzwischen auch der bereits erwähnte illegale Export von Atomtechnologie nach Pakistan durch den Freiburger Exporteur Albrecht Migule, Inhaber der CES Kalthof GmbH. Er deklarierte die sensible Technologie als Maschinen und Ausrüstungen, die man nach seinen Angaben «auch bei Neckermann bestellen kann». Mit diesen Lieferungen hat Migule die Bundesrepublik in den Ruf gebracht, den Atomwaffensperrvertrag nicht ernst zu nehmen. Migule erhielt wegen des Verstoßes gegen das Außenwirtschaftsgesetz eine Strafe von acht Monaten mit Bewährung. Trotz der Schwere der Tat konnte sich das Gericht nicht für ein höheres Strafmaß entscheiden. Die Begründung der Richter: Die Kontrollämter haben es dem Exporteur so «leicht gemacht», daß «es zur Durchführung der Exporte keiner Nacht-und-Nebel-Aktion bedurfte».[65] Der Zoll prüft an der Grenze meist nur, ob die Frachtpapiere ordentlich ausgefüllt sind. Eine echte Kontrolle, um welche Güter es sich tatsächlich handelt, findet kaum und nur bei begründetem Verdacht statt.

Erhellend ist auch die Begründung des Gerichts im sogenannten Rheinmetallprozeß. 1986 wurden vier Manager des Rüstungsunternehmens vom Landgericht Düsseldorf «wegen Vergehens und/oder Verbrechens» nach dem Kriegswaffenkontroll- bzw. dem Außenwirtschaftsgesetz rechtskräftig verurteilt. Die Rheinmetall-Manager hatten in den siebziger Jahren ohne gültige Genehmigung eine Munitionsabfüllanlage auf dem Umweg über Paraguay nach Südafrika geliefert, Maschinengewehre und Ersatzteile über Italien nach Saudi-Arabien exportiert und die Teile für Panzermaschinenkanonen über Spanien nach Argentinien auf den Weg gebracht, wo diese dann von Rheinmetall-Fachleuten zu einem kompletten Waffensystem montiert wurden. Um die Kontrollbehörden in der Bundesrepublik zu täuschen, waren die Umwege über Länder gewählt worden, für die die Firma Genehmigungen hatte erwarten können. Waffensysteme waren in Teile zerlegt und in zwei Partien transportiert worden, ohne daß es den Genehmigungsbehörden auffiel, weil mal das Bundesamt für Wirtschaft, mal das Ministerium selbst die Exportanträge bearbeitete. Das Gericht wörtlich: «Die Angeklagten... hatten mit großem organisatorischen Aufwand das jeweils wahre Endverbleibsland verschleiert und dabei andere befreundete Firmen für ihre ungesetzlichen Bemühungen eingespannt.»[66] Wissentlich wurden unwahre Angaben gemacht, um die Exportgenehmigung zu erhalten.

Erstaunlich war für viele Prozeßbeobachter auch in diesem Falle das niedrige Strafmaß. Freiheitsstrafen zwischen 15 und 24 Monaten und Geldbußen zwischen 3000 und 25000 Mark verhängten die Richter, wobei die Freiheitsstrafen zur Bewährung ausgesetzt wurden. Das milde Urteil begründete das Gericht auch in diesem Prozeß mit einer ausdrücklichen Kritik an den Kontrollbehörden, die die Tat erleichterten. Und hier liegt der eigentliche Skandal. Wörtlich heißt es in der schriftlichen Urteilsbegründung, «daß die Kontrolle – wenn überhaupt – halbherzig und eben für die Wirtschaft erfolgte». So beispielsweise bei den Lieferungen nach Südafrika über Paraguay. Die gefälschte Endverbleibserklärung einer paraguayischen Privatfirma wurde offenbar ohne weitere Prüfung akzeptiert. Auf welcher Grundlage die vorgebliche Lieferung einer Munitionsabfüllanlage in das damals noch vom Diktator Strössner regierte Paraguay genehmigt wurde, dieser Frage ging das Gericht nicht weiter nach. Zugunsten der angeklagten Rheinmetall-Manager wertete das Düsseldorfer Landgericht unterschiedliche Behandlungen der Exportgenehmigungen in den Ministerien. Sie «mußten für die Angeklagten einen Verstoß gegen die Vorschriften als nicht so schwerwiegend erscheinen lassen». Und wörtlich weiter: «Das Umfeld, in dem die Angeklagten damals gehandelt haben, hat ihnen... den Entschluß zur jeweiligen Tat erleichtert.»

Was mit dem zur Kriminalität verleitenden freundlichen Umfeld gemeint ist, beschreibt das Gericht im Detail. Zum illegalen Saudi-Arabien-Geschäft beispielsweise bemerkt es, das Wirtschaftsministerium selbst habe die Firma auf Möglichkeiten zur Umgehung aufmerksam gemacht: «Das Bundeswirtschaftsministerium regte an, die kriegswaffenkontrollgesetzgenehmigungspflichtigen Maschinen-Gewehre aus dem Vertrag herauszunehmen; Saudi-Arabien sollte diese dann von einem ausländischen Lizenznehmer der Firma Rheinmetall, der die MGs im Ausland herstellte, beziehen.» Das also ist die Praxis der angeblich so restriktiven Exportgesetze. Waffenhersteller und Kontrolleure überlegen gemeinsam, wie die Gesetze umgangen und ausgehöhlt werden können. Der damals verantwortliche Staatssekretär stellte sich dagegen ahnungslos und sah sich – wie er dem Parlament in schöner Offenheit erklärte – «nicht in der Lage, gedanklich sagen zu können, wo denn eine Lücke sein soll».[67] Gerichtlich belangt wurde er nicht.

Im zuständigen Wirtschaftsministerium betonte man nach dem Urteilsspruch, jetzt sei alles geregelt. Derartige Pannen könnten nicht mehr passieren. Wirkliche Konsequenzen zog die Bundesregierung jedoch nicht. Vielmehr wiegelte der zuständige Staatssekretär Grüner ab und beschwichtigte: «Schon die Tatsache der Verurteilung wegen ungenehmigter Ausfuhr von Kriegswaffen und sonstigen Rüstungsgütern zeigt indes, daß die bestehenden Vorschriften eine wirksame Schranke gegen Versuche bilden, die Genehmigungserfordernisse zu umgehen.»[68] Eine merkwürdige Logik angesichts der gerichtlich festgestellten über zehn Jahre alten Verbrechen und Vergehen und des aktiven Zutuns der Genehmigungsbehörden.

In einem aktuelleren Fall, der Lieferung von vollautomatischen Maschinen zur Herstellung von Bomben und Granaten durch die Firma Lasco an den Irak, stellte das Gericht das Verfahren ein. Besagte Firma hatte – nach einem Bericht der Fernsehsendung *Monitor* – in den letzten Jahren zunächst eine vollautomatische Schmiedestraße im Wert von ca. 10 Millionen Mark an den Irak geliefert. Danach bestellte auch der Iran 11 Schmiedemaschinen zur Herstellung von Geschoßhülsen bei Lasco im Wert von ca. 40 Millionen Mark. Ein Mitarbeiter der Firma erklärte gegenüber *Monitor*: «Ich weiß, daß die Firma Lasco im zweiten Halbjahr 1987 mit einem Großauftrag aus dem Iran ausgelastet war, elf Anlagen zur Herstellung von Granaten sowie das dazugehörige Werkzeug. Das Werkzeug wurde in Coburg entwickelt, erprobt und mit den Maschinen exportiert.»[69]

Parlamentsanfragen führten zu Außenwirtschaftsüberprüfungen. Doch wegen des nur schleppend arbeitenden Apparats stellte ein Coburger Bürger Strafantrag. Die Staatsanwaltschaft wurde tätig und befragte das Bundesamt für Wirtschaft in Eschborn. Das Amt, das zuvor die Unbedenklichkeit der Maschinenlieferungen erklärt hatte, bestätigte, wie nicht anders zu erwarten, daß die ursprünglich erteilte «Negativbescheinigung» (es kann uneingeschränkt exportiert werden) korrekt war. In der Begründung für die Einstellung des Verfahrens stellte das Gericht dann auch fest, daß mit Hilfe der Schmiedestraßen «eine Vielfalt von Schmiederohlingen zur Verwendung im zivilen und militärischen Bereich produziert werden» könne. Der militärische Nutzen wird also durchaus eingeräumt. Bestritten wird aber, daß die Maschinen «besonders zur Herstellung von Waffen und Munition konstruiert» worden seien.[70] Die bloße Behauptung, daß die Maschinen gleichermaßen zivil wie auch militärisch genutzt werden können, reichte für die Einstellung des Verfahrens. Die Experten, die die gegenteilige Auffassung vertraten und in der *Monitor*-Sendung bestätigten, die Maschinen seien für die Produktion von Granathülsen konstruiert worden, hörte das Gericht als Zeugen nicht.

Ähnlich blind zeigte sich Justitia auch bei Ermittlungsverfahren gegen die Firma Dynamit Nobel, die sich am europäischen Sprengstoffkartell zur reibungslosen Versorgung des Golfkriegs mit Munition beteiligt hatte. Ein Ermittlungsverfahren aufgrund einer Anzeige wurde von der Staatsanwaltschaft Bonn nach Bremen und von dort nach Bremerhaven weitergeleitet. Viele Monate verstrichen, die es Dynamit Nobel ermöglichten, die Firmenakten zu säubern. Um die in Schweden vorliegenden Unterlagen der dortigen Zollfahndung bemühte man sich erst gar nicht und überließ es Journalisten, zu recherchieren.

Die Hamburger Gräfin Schwerin, die versucht hatte, mehrere Hundert gebrauchte amerikanische Panzer des Typs M 48 A 5 in den Iran zu exportieren, erhielt vom Landgericht Hamburg zwei Jahre Freiheitsstrafe, ausgesetzt zur Bewährung. Strafmildernd war für das Gericht nicht nur das Geständnis der Gräfin, sondern ebenfalls das hohe Alter und – man lese und staune –, daß das Geschäft dilettantisch angepackt und aus Abenteuerlust versucht worden war. Wörtlich schreibt das Gericht: «Hinzu kommt sicher der Reiz des Abenteuers. Die Angeklagte fühlte sich als die große alte Dame mit dem richtigen Namen in einer zwielichtigen und gefährlichen Szene.» Wen wundert da die Schlußfolgerung, daß die Vollstreckung der Freiheitsstrafe zur Bewährung ausgesetzt werden konnte, da die Gräfin «sowohl im privaten als auch im beruflichen Bereich in sozial geordneten Verhältnissen lebt«.[71]

Festzuhalten bleibt zum Abschluß dieses traurigen Kapitels: Die bundesdeutschen Exportgesetze bieten der Regierung und ihren Kontrollbehörden zahlreiche Möglichkeiten, den Rüstungsexport schärfer als in der Vergangenheit einzuschränken. Offensichtlich fehlt es am politischen Willen, die Gesetze restriktiv anzuwenden. Mit merkwürdig anmutenden Interpretationskünsten wird Rüstungsexporteuren ein großer Handlungsspielraum geschaffen. Rüstungsfirmen konnten sich durchaus ermuntert fühlen, die bestehenden Gesetze nicht allzu eng auszulegen, da sie in vielen Fällen Rückendeckung aus Bonn hatten. Zahlreiche Richter behandeln zudem Rüstungsexportvergehen wie Kavaliersdelikte. Sie drücken beide Augen zu und verhängen, wenn überhaupt, milde Strafen. Ähnlich wie die Kontrollbehörden legen auch die Gerichte die Gesetze sehr weit aus. Gleichzeitig kritisieren sie sowohl die laxe Handhabung der Kontrollen als auch die Kumpanei von Rüstungsexporteuren und Kontrollbehörden, die häufig – weil die notwendigen Exportgenehmigungen vorlagen – auch in kritischen Fällen zum Freispruch der angeklagten Exporteure führten.

3. Aufrüstung der Apartheid aus der Bundesrepublik Deutschland

Rüstungstechnologie in der Grauzone: Fortsetzung einer schlimmen Tradition

Rüstungslieferungen aus der Bundesrepublik in die Republik Südafrika (R. S. A.) sind – leider – kein neues Thema. Aber seit im November 1986 bekannt wurde, daß Firmen aus der Bundesrepublik U-Boot-Konstruktionspläne nach Südafrika lieferten, wird dieser für viele Firmen sehr erfolgreiche Markt öffentlich neu diskutiert. Die entscheidenden Fragen sind dabei nach wie vor die mangelnden Kontrollen über den Export von Rüstung und rüstungsnahen Produkten sowie die Möglichkeiten von Sanktionen gegen das Apartheid-Regime. Besondere Aufmerksamkeit verdienen dabei diejenigen technischen Güter, die als zivilen Zwecken dienende Handelsware ausgegeben werden können. Diese Technologie trägt in besonderem Maße zum Auf- und Ausbau der Infrastruktur der Rüstungsindustrie in Südafrika bei; sie bildet die wissenschaftlich-technisch-industrielle Basis, mit der die Republik Südafrika das gegen sie verhängte Waffenembargo der Vereinten Nationen zu unterlaufen versucht.

Seit Ende 1986 wurde gegen die im Besitz des Landes Schleswig-Holstein und des Bundes befindliche Kieler Howaldtswerke Deutsche Werft (HDW), den führenden U-Boot-Ausrüster der Dritten Welt, ermittelt, weil sie U-Boot-Know-how nach Südafrika lieferte. Auch das Ingenieurkontor Lübeck (IKL), dessen Gründer sich schon während des Dritten Reiches einen Namen im U-Boot-Bau machte, war an den Geschäften beteiligt. Wieviel die Bundesregierung wußte, ob sie offen oder augenzwinkernd zustimmte, sollte ein parlamentarischer Untersuchungsausschuß klären. Da diese rüstungwirtschaftliche Kooperation zwischen Firmen aus der Bundesrepubliik Deutschland und Südafrika kein Einzelfall ist, wird die Haltung der Bundesregierung und der Gerichte international mit besonderer Aufmerksamkeit verfolgt.

In der einstimmig verabschiedeten Resolution 418 des Sicherheitsrates der Vereinten Nationen von 1977 (damals war die Bundesregierung Mitglied im Sicherheitsrat) heißt es, daß «ein bindendes Embargo universell gegen Südafrika angewendet werden muß» und «daß alle Staaten ab sofort die Lieferungen von Waffen und dazugehörigem Material» stoppen sollen.[72] Es geht in der völkerrechtlich verbindlichen UNO-Resolution also nicht nur um Kriegswaffen, sondern ausdrücklich auch um dazugehöriges Material. Nach Bekanntwerden des U-Boot-Geschäftes stellte sich die Frage: Hält sich die Bundesregierung nicht mehr an das von ihr unterschriebene Embargo? Sind die neuerlichen Lieferungen Einzelfälle oder sind Firmen aus der Bundesrepublik gar systematisch an der Aufrüstung des Apartheidregimes beteiligt?

In den letzten zwölf Jahren sind unter anderem folgende Lieferungen aus der Bundesrepublik Deutschland bekannt geworden:

- Elektronenstrahlperforiermaschine, zur Urananreicherung (Fa. Steigerwald, 1977)
- Massenspektrometer, ebenfalls zur Urananreicherung (Fa. Vian MAT, ca. 1978)
- Spezialverdichter, ebenfalls zur Urananreicherung (Fa. GHH, 1978)
- Motoren für Schnellboote (Fa. MTU, 1977)
- Minensuchboote, als Forschungsschiffe deklariert (Fa. Abeking und Rasmussen, 1980)
- Munitionsabfüllanlage (Fa. Rheinmetall, 1978, in Kooperation mit Diehl und WASAG-Chemie)
- Ca. 130 Zwillingskanonen über den Umweg Spanien (Fa. Rheinmetall, bis 1979)
- Militärlastwagen (Fa. Magirus Deutz, ca. 1000 jährlich ab 1978)
- Unimogs, auf die unter anderem Raketenwerfer montiert werden (Fa. Daimler-Benz, ca. 1900 ab 1978)
- Jeeps (Fa. Volkswagen, produziert in Südafrika)
- Motoren, Achsen, Bremsen und Getriebe für gepanzerte Fahrzeuge (in Südafrika mit Lizenzen aus der BRD produziert)
- Kohleverflüssigungsanlage für Treibstoffe und Sprengstoffe (mit Beteiligungen von Firmen aus der BRD)
- G 3-Gewehre (Design der Fa. Heckler & Koch, vermutlich aus Produktionsstätten im Ausland geliefert)
- Navigationssysteme für die Marine (Fa. Litef, 1982 und 1983)

- Teilnahme südafrikanischer Wissenschaftler an einer Tagung am Fraunhofer-Institut für Treib- und Explosivstoffe (seit 1982)
- Präzisionsmeßgeräte zur Prüfung schwerer Munition (Fa. Mahr, 1984)
- Aufklärungsflugzeug P 68 B Observer aus Italien (unter Beteiligung von MBB, 1984)
- Bo-105- und Bo-117-Hubschrauber (Fa. MBB, bis 1985)
- Multisensorplattform für Flugbahnvermessung von Flugzeugen, Drohnen, Geschossen usw. (Fa. MBB, 1988)[73]

Typisch für das Engagement der westdeutschen Industrie ist nicht die Lieferung kompletter Waffensysteme, weil dies ein allzu offensichtlicher Bruch des UN-Embargos wäre. Die Firmen aus der Bundesrepublik liefern vor allem Technologie in der Grauzone zwischen militärischem und zivilem Anwendungsbereich. Läßt man die offiziell stets bestrittene nukleartechnologische Zusammenarbeit, von der bereits die Rede war, außer acht, so findet oder fand Rüstungskooperation – mit unterschiedlichem Gewicht – auf drei Ebenen statt.

Erstens: illegale Waffen- und Rüstungstransfers

Am besten dokumentiert ist der im vorigen Kapitel beschriebene Fall der Rheinmetall-Manager. Drei der Angeklagten hatten eine Munitionsabfüllanlage über Paraguay nach Südafrika geliefert und zu diesem Zweck die Endverbleibszertifikate gefälscht. «Alle drei Angeklagten», so heißt es in der schriftlichen Urteilsbegründung, «hielten es bei der Abwicklung dieses Geschäftes für möglich, daß das Unterlaufen des gegen Südafrika verhängten Waffenembargos zu einer erheblichen Störung der auswärtigen Beziehungen der Bundesrepublik Deutschland führen konnte. Da sie in jedem Fall die Verpflichtung, die Munitionsabfüllanlage nach Südafrika zu liefern, erfüllen wollten, nahmen sie dies billigend in Kauf.»[74] Der ungesetzliche Export ist zwar nicht von der damaligen Bundesregierung zu verantworten. Unbestreitbar aber wurden die Waffenschieber von den Kontrollbehörden zu ihren illegalen Geschäften ermuntert, weil die staatliche «Kontrolle – wenn überhaupt – halbherzig und eben für die Wirtschaft erfolgte».

Wen wundert es da, wenn auch die im Besitz der öffentlichen Hand befindliche Howaldtswerke Deutsche Werft versucht, mit illegalen Methoden durch den Export von U-Boot-Plänen nach Südafrika Geschäfte zu machen. Der Besitz von U-Booten ist zwar für die Auseinandersetzungen im südlichen Afrika nicht von strategischer Bedeutung. Dennoch sind diese Lieferungen nicht folgenlos. Sollten Südafrikas Werften mit weiterer Unterstützung aus der Bundesrepublik oder anderen Ländern U-Boote tatsächlich bauen, winken für HDW Bombengeschäfte; es geht nicht nur um den Südafrikaexport. Verfugen erst einmal die Südafrikaner über eine U-Boot-Waffe, dürften andere Regierungen afrikanischer Länder nachziehen, weil sie sich bedroht fühlen. Diese Methode der Marktöffnung praktizierte HDW bereits erfolgreich in Lateinamerika.

Drei Jahre nach Beginn der parlamentarischen Untersuchung bleibt das Ergebnis unbefriedigend. Erwiesen ist, daß Blaupausen geliefert wurden. Erwiesen ist auch, das HDW und IKL sechzig Millionen Mark kassiert haben. Durch ein Schreiben des damaligen bayrischen Ministerpräsidenten Franz Josef Strauß, das im Kanzleramt vorsichtshalber im Reißwolf vernichtet wurde, ist ebenfalls bekannt, daß sich der Bundeskanzler in Kooperation mit Rüstungslobbyisten bereits 1984 Gedanken über eine «kleine, mittlere oder große Lösung» des U-Boot-Exportes machte.[75] Dabei ging es um die Frage, ob nur Pläne oder auch Bauteile oder gar komplette U-Boote geliefert werden sollten. Nach geltender Rechtslage hätte Bundeskanzler Kohl 1984 in einem Gespräch mit Südafrikas Premier in Bonn, unter Berufung auf die UNO-Resolution, eine eindeutige Absage erteilen müssen, weil nach bestehendem Völkerrecht die Lieferung verboten war. Statt dessen sagte er eine Prüfung zu und versprach: «Ich werde mich selbst um die Sache kümmern.»[76] Trotzdem (oder vielleicht gerade weil die Bundesregierung involviert war) stellte die Oberfinanzdirektion Kiel ihre Ermittlungen ein, weil die Lieferungen angeblich nicht ausreichten, ein militärisches U-Boot zu bauen. Das Verfahren, das zu Recht als am Rande der Rechtsbeugung kritisiert worden ist, sollte vor allem die Bundesregierung von dem Verdacht reinigen, sie habe dem Drängen des Südafrika-Promoters Franz Josef Strauß augenzwinkernd nachgegeben.

Während die Regierung mit Blick auf die Giftgastechnologieexporte nach Libyen im Februar 1989 neue Exportverbote für militärisch nutzbare Güter ankündigte, weigerten sich die Koalitionsparteien im U-Boot-Ausschuß des Parlaments gleichzeitig, die Kompetenzen des Ausschusses zu erweitern, damit dieser Firmenakten einsehen könnte. Nur wenn der Auftrag der Untersuchungskommission erweitert worden wäre, hätte geklärt werden können, welche Rolle die Regierung bei dem illegalen Geschäft spielte. Doch entsprechende Anträge der SPD und der Grünen wurden mit Koalitionsmehrheit niedergestimmt.

Zweitens: die Lieferung angeblich zivilen Geräts

Immer wieder werden Lieferungen von Gütern bekannt, von denen die Regierung Kohl – ebenso wie frühere Bundesregierungen – behauptet, sie bedürften keiner Genehmigung und sie verletzten nicht das UNO-Embargo. Lastkraftwagen und Schwertransporter für das Militär, Hubschrauber für die Polizei, Transportflugzeuge, Navigationssysteme, Radaranlagen, Computer und zu «Forschungsschiffen» umdefinierte Patrouillenboote für die Marine – all dies wurde wie selbstverständlich nach Südafrika exportiert. Es kann überhaupt kein Zweifel bestehen, daß durch diese Lieferungen der Repressionsapparat des weißen Minderheitsregimes gestärkt wird. Die Fernsehbilder von den Konflikten in Südafrika bringen uns bewaffnete Soldaten auf Unimogs von Daimler-Benz, Lastwagen von Magirus Deutz und die Hubschrauber von Messerschmitt-Bölkow-Blohm (MBB) bis in unsere Wohnstube. Dank ausländischer Hilfe funktioniert die Logistik von Militär und Polizei.

Die Argumentation der Bundesregierung ist generell, aber auch im speziellen Fall Südafrika, extrem legalistisch. Wenn ein Hubschrauber nicht über spezielle Waffenträger und militärische Zusatzausrüstung verfügt, gilt er als zivil und darf ohne Genehmigung exportiert werden. Radaranlagen dienen angeblich nur der Überwachung der Handelsschiffahrt und fallen damit nicht unter die Exportbeschränkungen. Das Wirtschaftsministerium argumentierte im Mai 1985 mit Blick auf die Lastwagenlieferungen: «Jedes handelsübliche Transportfahrzeug, angefangen von einfachen Transportkarren bis hin zum geländegängigen Baustellenfahrzeug, kann hinsichtlich der Transportaufgaben auch beim Militär eingesetzt werden. Die Verwendung einer Ware kann kein Kriterium für ihre Einstufung als ‹militärisch› oder ‹zivil› sein.»[77] Wissenschaftliche Kooperation in sensiblen Bereichen wurde zunächst nicht verboten, sondern liegt, wie im Bundestag versichert wurde, im Interesse der Bundesrepublik und dient dem freien Austausch wissenschaftlicher Ergebnisse.[78] In dieser Argumentation hat sich von der sozial-liberalen zur konservativ-liberalen Regierung wenig geändert.

Formaljuristisch verhält sich die Bundesregierung konform zum bestehenden Kriegswaffenkontrollgesetz (KWKG) und zum Außenwirtschaftsgesetz (AWG). Objektiv aber werden die militärischen und paramilitärischen Verbände in der Republik Südafrika gestärkt. Rüstungs- und rüstungsnahe Güter sind in den gewaltsamen Konflikten im südlichen Afrika tagtäglich im Einsatz. Mit den gelieferten Waren werden die Intentionen des Embargos ausgehebelt und die Rüstungskontrollgesetze unterlaufen. Die UNO-Resolution ist in allen Mitgliedsstaaten geltendes Recht. Wenn das Kriegswaffenkontrollgesetz und das Außenwirtschaftsgesetz keine Handhabe bieten, die Exporte von Rüstung und «dazugehörigem Material» zu verhindern, wäre die Bundesregierung verpflichtet gewesen, entsprechende Gesetzentwürfe im Bundestag einzubringen. Tatsache aber ist, wie es in einem Papier zur Anhörung der World Campaign against Military and Nuclear Collaboration with South Africa heißt:

«Die Bundesregierung hat bis zum heutigen Tage keine nationalen Gesetze erlassen oder Verordnungen verkündet, um die strikte Befolgung der in der Resolution 418 vorgeschriebenen Maßnahmen auf nationaler Ebene sicherzustellen. Gleichzeitig haben die verschiedenen Bundesregierungen, vor allem auf Anfragen im Parlament, eindeutig erklärt, daß sie die Resolution als verbindlich betrachten und dafür Sorge trügen, daß sie in der Abwicklung des Außenwirtschaftsverkehrs strikt angewendet würde.»[79] Eine Verschärfung der Gesetze – wie im Februar 1989 nach dem Giftgas-Skandal der Firma Imhausen und deren Kooperation mit Libyen angekündigt – hätte im Falle Südafrikas längst erfolgen müssen, hätte man Geist und Buchstaben der UNO-Resolution 418 ernst genommen.

Aufgrund öffentlichen Drucks mußte 1988 erstmals eine bereits erteilte Genehmigung für den Export angeblich zivilen Geräts überprüft werden. Die Lieferung von zwei der drei genehmigten Multisensorplattformen konnte gestoppt werden. Das Eschborner Bundesamt für Wirtschaft hatte 1985, als es dem Export sein Placet gab, die Geräte, die die Flugbahn bemannter und unbemannter Flugobjekte ver-

Die Bundesregierung

gestern ...

«Es wird behauptet, daß die Radarüberwachungsanlage ‹Advocaat› in Südafrika hauptsächlich von den deutschen Firmen AEG, Siemens und MAN gebaut worden sei. Dies trifft grundsätzlich zu. Der daraus gefolgerte Schluß, die genannten deutschen Firmen hätten hierbei auf militärischem Gebiet mit den südafrikanischen Behörden zusammengearbeitet, ist jedoch unzutreffend. Die Radaranlage dient der Sicherung des Seeverkehrs um das Kap, der auf ca. 25000 Schiffe pro Jahr angewachsen ist. Die von den genannten Firmen durchgeführten Lieferungen beschränken sich ausschließlich auf zivile, nicht für militärische Zwecke konstruierte Sende- und Empfangsgeräte und eine marktübliche Datenverarbeitungsanlage.»

Quelle: Auswärtiges Amt. Memorandum. 17. Jan. 1977.

... und heute

GRÜNER, PARL. STAATSSEKRETÄR beim Bundesminister für Wirtschaft: Herr Kollege, das Bundesamt für gewerbliche Wirtschaft hat für den Export von Militärhubschraubern der genannten MBB-Typen nach Südafrika keine Genehmigung erteilt.

VIZEPRÄSIDENT WESTPHAL: Zusatzfrage, Herr Waltemathe.

WALTEMATHE (SPD): Herr Staatssekretär, wenn das so ist, wie erklären Sie es sich dann, daß nach Berichten der südafrikanischen Zeitungen vier Militärhubschrauber BO 105 und ein Militärhubschrauber BK 117 nach Südafrika geliefert worden sind und der südafrikanische Polizeiminister Le Grange erklärt hat, daß die deutschen Hubschrauber bei der Bekämpfung innerer Unruhen eingesetzt werden sollen, während die Militärhubschrauber selbst von den Herstellerfirmen als Militärhubschrauber bezeichnet werden, also einer Exportgenehmigung bedürften?

GRÜNER, PARL. STAATSSEKRETÄR: Herr Kollege, ich habe für solche Meldungen, deren Richtigkeit ich nicht nachprüfen und auch nicht bestätigen kann, keinerlei Erklärung. Die Firma MBB hat uns ausdrücklich bestätigt, daß keine Militärhubschrauber nach Südafrika geliefert worden sind, und das ist auch selbstverständlich, weil das hätte genehmigt werden müssen und nicht genehmigt worden wäre.

VIZEPRÄSIDENT WESTPHAL: Zusatzfage der Abgeordneten Frau Borgmann.

FRAU BORGMANN (GRÜNE): Könnten Sie mir bitte sagen, wie die Bundesregierung den Unterschied zwischen einem militärischen und einem zivilen Hubschrauber definiert?

GRÜNER, PARL. STAATSSEKRETÄR: Zivilhubschrauber würden ihre Zivileigenschaft verlieren, wenn sie durch spezielle Waffenträger und bestimmte militärische Zusatzausrüstungen bestückt würden und damit Eigenschaften von Hubschraubern erhielten, die speziell für militärische Zwecke konstruiert sind. In diesem Fall wäre eine Ausfuhrgenehmigung notwendig, die nicht erteilt würde.

Quelle: Deutscher Bundestag, 10. Wahlperiode, 148. Sitzung, 26. Juni 1985, S. 10986f.

folgen, messen und diese Daten auswerten, in keiner Weise als sensible, militärisch nutzbare Installationen betrachtet. Man verließ sich beim Bundesamt für Wirtschaft – in bekannt pro-industrieller Einstellung – auf die Zusicherung der südafrikanischen Regierung, die Plattformen würden nicht militärisch genutzt. Immerhin erklärte nach entsprechendem Druck aus der Öffentlichkeit ein Sprecher des Wirtschaftsministeriums, es werde geprüft, ob der Export gegen das von der UNO verhängte Embargo verstoßen habe. Die Genehmigung wurde aufgehoben. Die Lieferfirma MBB verlangt nun Schadenersatz von der Bundesregierung.

Drittens: rüstungsrelevante Technologie

Seit Verhängung des ersten UNO-Embargos 1963 hat sich die Regierung der Republik Südafrika intensiv und zum Teil erfolgreich um die inländische Entwicklung und Produktion von Waffen bemüht. Voraussetzung für die Herstellung von Waffen und anderem militärischen Gerät in Südafrika war die Lieferung relevanter Technologie aus dem Ausland bzw. durch ausländische Unternehmen in Südafrika. In einer aktuellen Untersuchung von SIPRI heißt es:

«Westliches militärisches Know-how, das auf verschiedenen Wegen und mit verschiedenen Methoden beschafft wurde, legte die Grundlage für die Luftrüstungsindustrie (in der Reihenfolge Italien, Frankreich, Großbritannien, USA und Israel), für die Militärfahrzeugindustrie (Frankreich, Bundesrepublik Deutschland, Japan, USA und Kanada), für die Raketen- und Lenkwaffenindustrie (Bundesrepublik Deutschland, Israel und Frankreich), für die Werften (Israel und Bundesrepublik Deutschland), für die Kleinwaffenindustrie (Belgien, Großbritannien, USA, Israel und Frankreich), für die Elektronikindustrie (Großbritannien, USA, Frankreich, Israel, Bundesrepublik Deutschland, Österreich und die Niederlande), für die Nuklearindustrie (Großbritannien, USA, Frankreich und die Bundesrepublik Deutschland) und für die Chemie- und Biologiewaffenindustrie (Großbritannien und USA).»[80]

Importierte Maschinen, Konstruktionspläne und das Know-how ausländischer Experten sind integrale Teile der Rüstungsindustrie und der Waffen «made in R. S. A.». In diesem Bereich hat sich die

Bundesrepublik besonders hervorgetan. In dem bereits zitierten Papier der World Campaign against Military and Nuclear Collaboration with South Africa wird darauf hingewiesen, daß Warenlieferungen aus der Bundesrepublik nach Südafrika – im Gegensatz zu den Lieferungen aus den USA, Großbritannien, Frankreich und Italien – in den achtziger Jahren nicht rückläufig waren. Im Gegenteil: westdeutsche (und in geringerem Maße auch japanische Firmen) kompensierten vor allem im Bereich des Maschinenbaus die südafrikanischen Importausfälle. Westdeutsche Banken kompensierten zugleich den Rückzug anderer ausländischer Banken aus Südafrika. Unter anderem finanzieren sie auch für die Rüstungsindustrie wichtige Technologieimporte.

Die Deutsch-Südafrikanische Handelskammer schätzt, daß 300 Firmen aus der Bundesrepublik rund 65000 Arbeiter in Südafrika beschäftigen. Die Spitze der westdeutschen Industrie ist ausnahmslos in Südafrika tätig: von Daimler bis VW, von AEG bis Siemens, von BASF bis Bayer, von Thyssen bis Salzgitter. Besonders bedeutsam für den Rüstungsbereich sind die Investitionen westdeutscher Firmen im Fahrzeugbau (die Fahrzeuge dienen als Waffenplattform und Transportmittel), in der Motorenproduktion (Motoren werden als Antriebsaggregate für Waffensysteme verwendet), im Werkzeugmaschinenbau (der eine Voraussetzung für die Produktion von Kleinwaffen und Kanonen ist) sowie in der Elektronik (Produkte, die heute Bestandteil sämtlicher moderner Waffensysteme und zur Aufrechterhaltung militärischer Befehlsstrukturen unerläßlich sind). In einer Studie für das UN Special Committee Against the Apartheid heißt es unmißverständlich: «Die permanente Belieferung der südafrikanischen militärstrategischen Industrien ist funktional bei weitem die schwerwiegendste Umgehung des Embargos. Nach der Auffassung des Autors kommt dieser Effekt einer Annullierung des Embargos gleich, zumindest für den Landkrieg.»[81]

Neben illegalen Waffentransfers und als zivil deklarierten rüstungsnahen Gütern sind es also vor allem Technologielieferungen, die das UNO-Embargo praktisch außer Kraft setzen. Würden die sogenannten CoCom-Bestimmungen, mit denen die Exporte sensitiver Technologien in die UdSSR und zu deren Verbündeten reguliert werden, von den westlichen Exportländern auch auf Südafrika angewendet, so würde die technologische Basis der südafrikanischen Rüstungsindustrie empfindlich getroffen. Bei der tatsächlichen, großzügigen Auslegung der Gesetze fühlte sich die Bundesregierung jedoch berechtigt, zwischen 1983 und 1987 Exportanfragen nach dem Außenwirtschaftsgesetz für insgesamt 945 Millionen Mark zu genehmigen, wie sie auf Anfrage in verschiedenen Bundestagsdrucksachen mitteilte. Die Bundesregierung weigert sich aber, nähere Auskünfte über den Inhalt der Genehmigungen zu geben; sie ist nicht einmal bereit mitzuteilen, ob es sich um die Teile A (Waffen, Munition und Rüstungsmaterial), B (Nukleartechnologie) oder C (sonstige Waren von strategischer Bedeutung) handelt. Der vorgegebene Grund für die notorische Geheimniskrämerei: Es könnten Firmeninterna bekannt werden.

Ist mit den Rüstungsaktivitäten seit der Wende in Bonn eine neue Qualität in den Beziehungen zwischen der Bundesrepublik Deutschland und der Republik Südafrika erreicht worden? Ja und nein! Industrie und Banken haben sich mit zwielichtigen Geschäften schon seit langem engagiert, was entsprechende Kritik auch des Anti-Apartheidausschusses der Vereinten Nationen zur Folge hatte. Auch frühere Bundesregierungen haben diesem Treiben nur begrenzt Einhalt geboten und mit juristisch spitzfindigen Interpretationen solchen Geschäften Vorschub geleistet oder ihnen zugestimmt. Neu aber ist, daß diese Praktiken von den konservativen Regierungsparteien zum Teil offensiv vertreten, zum Teil an der Öffentlichkeit vorbei und in Komplizenschaft mit der Industrie betrieben werden. Franz Josef Strauß und einige seiner Mitstreiter hatten sich für das Zustandekommen des U-Boot-Geschäftes eingesetzt; sie erklärten das UNO-Embargo schlicht für völkerrechtlich unverbindlich. Solange auf der internationalen Ebene keine wirksamen Möglichkeiten bestehen, internationales Recht durchzusetzen, wird es immer wieder Politiker geben, die verbindlich vereinbarte Regelungen schlichtweg ignorieren.

Das Ergebnis westdeutscher Kooperation ist niederschmetternd: «Das Handelsvolumen und die technologische Ausrichtung der Ausfuhr nach Südafrika haben faktisch die deutsche Industrie aus südafrikanischer Sicht zu einem wichtigen, vielleicht auch zu dem wichtigsten Embargobrecher gemacht.»[82]

4. Krisen, Konzerne und Konzentration

Vom Boom in die Krise?

Fachleute schätzen, daß rund 40 Prozent der Produktion der westeuropäischen Rüstungsindustrie exportiert wird. In einzelnen Ländern (so in Frankreich, Italien und Spanien) liegt der Anteil noch höher, in anderen (wie in der Bundesrepublik mit rund einem Viertel) bewegt sich der Exportanteil unter diesem Durchschnitt. Mit dieser ausgeprägten Exportorientierung ist die Rüstungsindustrie in den achtziger Jahren stärker als in der Vergangenheit von den politischen Entscheidungen der Importländer, deren finanzieller Kapazität und von Exportgenehmigungen abhängig. Sie ist heute mit vier Entwicklungen konfrontiert, die nur teilweise von ihr beeinflußbar sind: stagnierende Rüstungsexporte aufgrund der sinkenden Kaufkraft in der Dritten Welt, schwindende Bedrohungsängste bei der Bevölkerung in Westeuropa, stagnierende Beschaffungshaushalte in vielen NATO-Ländern sowie die Europäisierung der Industrie.

1. Der Rüstungsexport in die Dritte Welt ist in den achtziger Jahren nicht mehr gewachsen. 1988 lag der Transfer von Großwaffensystemen in die Dritte Welt mit knapp 21 Milliarden Dollar niedriger als in den meisten anderen Jahren dieses Jahrzehnts. Zugleich wird der Kampf auf dem engen Markt von mehr Firmen aus einer größeren Zahl von Exportländern ausgetragen. Es ist nicht zu erwarten, daß die Hauptursache für die Stagnation, nämlich die gesunkene Kaufkraft in den Importländern, kurzfristig beseitigt wird. Im Gegenteil, die Verschuldungskrise in der Dritten Welt wird manches von Regierungen und Rüstungsindustrie freudig begrüßte Geschäft aufgrund finanzieller Engpässe zunichte machen – so wie beispielsweise 1989 den geplanten und schon als sicher geglaubten Tornado-Export nach Jordanien. Ähnlich erging es dem französischen Kampfflugzeughersteller Dassault, der seit 1986 über fehlende Aufträge klagt; es war der Firma 1989 gelungen, mit dem Irak die Lieferung von 50 Mirage-2000-Kampfflugzeugen zum Preis von rund 6,5 Milliarden Mark zu vereinbaren. Erstmals kam es jedoch bei einem großen Exportvertrag zu

einem Veto der Regierung – nicht etwa aus sicherheitspolitischen, sondern aus rein wirtschaftlichen Gründen: Der Irak schuldet Frankreich schon sechs Milliarden Dollar, zahlte aber 1988/89 von den fälligen rund 1,5 Milliarden Dollar nur 150 Millionen.

Wer heute Rüstung in die Dritte Welt exportieren will, muß im Regelfall für die entsprechende Finanzierung sorgen. Ein Beispiel dafür ist die bereits erwähnte Lieferung deutscher Fregatten an Portugal. Die Regierungen in den Hauptlieferländern werden sich in Zukunft nicht nur erhöhtem Druck der Industrie zu großzügigen Exportgenehmigungen ausgesetzt sehen, sondern außerdem noch verstärkten Pressionen zur Subventionierung der Exporte. Exportentscheidungen werden zunehmend weniger von außenpolitischen oder ethischen Kriterien geleitet sein; vielmehr wird ein Kampf um den Weltrüstungsmarkt entstehen, in dem – neben der Qualität und den Preisen von Waffensystemen – vor allem die Finanzkraft der Exporteure (der Firmen und der sie unterstützenden Regierungen) ausschlaggebend sein wird.

2. Die Rüstungsindustrie in Westeuropa und Nordamerika ist von einer Sorge geplagt, die möglicherweise noch gravierendere Konsequenzen hat, als der unsichere Weltwaffenmarkt: Die politischen Annäherungen zwischen Ost und West und die erstmals seit Beginn des kalten Krieges in greifbare Nähe gerückte Abrüstung bei konventionellen Waffen müssen – wenn dieser Prozeß nicht vorzeitig wieder abgebrochen wird – zu Abstrichen bei der Beschaffung von Waffensystemen führen. Abrüstung könnte zu einer Bedrohung der Rüstungsindustrie werden. Militärs und Rüstungsindustrielle warnen unisono davor, sich von den sowjetischen Abrüstungsvorschlägen einlullen oder sich gar vom «Gorbatschow-Fieber» anstecken zu lassen. Zur Zeit halten die Planer der Bundeswehrbeschaffung zwar noch an den Plänen für neue Waffensysteme fest, aber in ihren Prognosen haben sie das abrüstungspolitisch veränderte Klima durchaus zur Kenntnis genommen – wenn auch mit Bedauern. Der Stabsabteilungsleiter im Führungsstab der Luftwaffe, Brigadegeneral Detlef Wiebel, schrieb im Juni 1989: «Das Verständnis für die Notwendigkeit eigener Verteidigungsanstrengung hat deutlich nachgelassen... Überspitzt könnte man formulieren: Der Frieden wird zunehmend als natürlicher Zustand verstanden und scheint am Ende nur noch durch jene ‹bedroht›, die sich beruflich mit Fragen der äußeren Sicherheit befassen.»[83]

3. Die Abrüstungsaussicht wird dadurch verstärkt, daß in den mei-

sten europäischen Ländern (Ost und West) und in Nordamerika aufgrund der angespannten Haushaltslage die Bereitschaft besteht, weniger Geld für Rüstungsbeschaffungen aufzuwenden. Der zuständige Staatssekretär im Verteidigungsministerium interpretierte die Finanzengpässe ein wenig verklausuliert folgendermaßen: «Die erkennbar mittelfristige Finanzerwartung macht deutlich, daß der Rüstungshaushalt künftig nur in Teilbereichen Wachstumspotential bieten wird.»[84] Konkret rechnen die Haushaltsplaner des Verteidigungsministeriums mittelfristig mit Steigerungen von ein bis zwei Prozent. Angesichts des rasanten Preisanstiegs bei neuen Waffensystemen und zusätzlicher Prioritäten im Etat des Verteidigungsministeriums (Steigerung der Attraktivität des Dienstes für Berufssoldaten, Reduzierung der Tiefflugbelastung, Erfüllung von Umweltschutzauflagen) meinen die Haushaltsplaner: «Ein reales Halten auf dem derzeitigen Niveau wäre schon ein Erfolg.»[85] Für die Rüstungsindustrie sind Steigerungsraten kurzfristig nur bei der Entwicklung neuer Waffensysteme eingeplant, 1990 und 1991 allerdings soll der Beschaffungshaushalt in der Bundesrepublik sogar sinken – wenn auch minimal. Angesichts der Abrüstungsmöglichkeiten und der Finanzengpässe muß zudem immer nachhaltiger in Frage gestellt werden, ob alle heute geplanten neuen Waffensysteme tatsächlich entwickelt und produziert werden.

Auch wenn die Devise zur Zeit noch «business as usual» heißt, so werden doch bereits Wege aufgezeigt – und inzwischen nicht mehr nur von Kritikern –, wie kurzfristig Mittel eingespart werden können. Der seit Frühjahr 1989 amtierende Abteilungsleiter Haushalt im Verteidigungsministerium schreibt zu Kürzungsmöglichkeiten im Etat: «In jedem Jahr beenden rund 40000 Soldaten auf Zeit automatisch ihre Dienstzeit. Würden sie nicht ersetzt, wäre die Zahl 420000 (Soldaten der Bundeswehr, H. W.) in weniger als 2 Jahren erreicht. Ein anderes Beispiel aus dem Rüstungsbereich: Die Entwicklung des Jägers 90 ist zum Preisstand 1989 mit 6,8 Mrd. DM vorgesehen. Eine Regierung, die sich zur Einstellung der Entwicklung entschließen wollte, hätte diesen Finanzrahmen – soweit nicht verbraucht – zur sofortigen Disposition frei. Dasselbe gilt für weitere Lose Tornado, Leo 2 usw.»[86]

Auch in anderen Ländern stehen Einsparungen auf dem Programm. In der Sowjetunion sind Kürzungen des Rüstungsetats um 14,2 Prozent und die Reduzierung der Rüstungsproduktion um fast ein Fünftel angekündigt. In den USA sind die fetten Jahre – mit zweistelligen Steigerungsraten – der ersten Amtsperiode Präsident Reagans längst vorbei. Der Kongreß drängt auf Einschränkungen des Wachstums; gelegentlich ist auch von Kürzungen die Rede. Präsident Bush verweigert sich diesen Wünschen nicht. Die Regierung geht von einem realen Nullwachstum des Rüstungshaushaltes für 1990 bis 1992 aus, einem Abstrich von 20 Prozent gegenüber der internen Pentagonplanung. In Kanada sind einige fest eingeplante Beschaffungsprojekte in Frage gestellt, weil im Haushalt erhebliche Abstriche gemacht werden mußten. Innerhalb der französischen Regierung herrschte im Frühjahr 1989 Streit um die Höhe der Kürzungen des Beschaffungshaushaltes. Wichtige Großprojekte mußten gestreckt werden. Die Zeiten, als sich die Regierungen der NATO-Länder auf langfristige jährliche reale Wachstumsraten von drei Prozent verständigen konnten, diese Zeiten sind vorbei. Es wirkt schon ein wenig resigniert, wenn die Verteidigungsminister der NATO bei ihrer Tagung im Juni 1989 feststellten, die 1977 festgelegte jährliche Steigerung um real drei Prozent sei eine richtige Richtlinie gewesen, auch wenn kein Land das Planziel erreicht habe.

4. Durch den EG-Binnenmarkt, der 1992 verwirklicht werden soll, wird sich die Struktur der Rüstungsindustrie in Westeuropa verändern – möglicherweise mit gravierenden Konsequenzen. Grenzüberschreitende Konkurrenz ohne offene oder versteckte Handelsbarrieren innerhalb der Europäischen Gemeinschaft soll nicht vor der Waffenbeschaffung haltmachen. Die von den Waffenherstellern liebgewonnene, gewohnte Politik nationaler Beschaffung soll in Zukunft innerhalb der EG abgeschafft werden. Bislang konnten Firmen sicher sein, daß die Mehrzahl der Aufträge im Inland vergeben wurde (in der Bundesrepublik Deutschland derzeit jährlich rund 85 Prozent des Beschaffungswertes der Bundeswehr). Und auch bei Kooperationsprojekten achteten Politiker und Rüstungsindustrielle mit Argusaugen darauf, daß entsprechend der finanziellen Beteiligung in den Gemeinschaftsprojekten Aufträge an die inländische Industrie flossen.

Ob diese Protektion der nationalen Industrien gegenüber ausländischer Konkurrenz in Zukunft tatsächlich aufgegeben wird, bleibt abzuwarten. Eine Fülle unterschiedlicher Interessen konfligieren miteinander. Da sind die kleineren und mittleren Firmen, die zum Teil den internationalen Wettbewerb fürchten müssen und an ihren Privilegien festhalten wollen. Dem stehen die Interessen der in der Rüstung tätigen Großkonzerne gegenüber, die sich in einem einheitlichen westeuropäischen Rüstungsmarkt einen größeren Marktanteil versprechen. Da ist – zum Teil auch bei den Konservativen – ein latent vorhandener Antiamerikanismus; die Vereinheitlichung der westeuropäischen Rüstungsindustrie soll im Konkurrenzkampf mit japanischen und amerikanischen Konzernen genutzt werden. Außerdem werden zwei widersprüchliche, nicht miteinander vereinbare politische Zielvorstellungen die künftige Entwicklung prägen: offene Grenzen und der Erhalt jeweils nationaler Rüstungsproduktionskapazitäten.

Nach westeuropäischem Recht wird in Zukunft grenzüberschreitende Konkurrenz der Regelfall sein. Die EG-Kommission versucht schon heute, Verstöße zu ahnden. Gleichzeitig bemüht sie sich, wie auch andere transnationale Gremien – so die Independent European Program Group (IEPG) und die Westeuropäische Union (WEU) – um die Erweiterung ihrer Kompetenz. In einer Rede in der Führungsakademie der Bundeswehr in Hamburg sprach sich der damalige Vizepräsident der EG-Kommission, Karl-Heinz Narjes, mit Nachdruck für die verstärkte Zusammenarbeit der Rüstungsindustrie aus und machte «vor allem» den «militärisch-industriellen Komplex, den jeder Staat – jedenfalls in Ansätzen – kennt» für die mangelhafte Kooperation verantwortlich.[87] Die Verteidigungsminister der dreizehn Mitgliedsländer der IEPG billigten am 9. November 1988 den Bericht einer von ihr eingesetzten Studiengruppe, die einen integrierten westeuropäischen Rüstungsmarkt vorgeschlagen hatte. Sie hoben in ihrem Kommuniqué hervor, daß sie den Prozeß «der Schaffung eines europäischen Marktes für Verteidigungsgerät» unterstützen und «die Integration der Länder mit weniger entwickelten Rüstungsindustrien» in die «europäische Kooperation» einbeziehen wollen.[88]

Diesen Zielvorstellungen, die sowohl von dem Wunsch zur effektiveren Nutzung vorhandener finanzieller Ressourcen als auch zur westeuropäischen Integration getragen sind, stehen Hindernisse gegenüber – vor allem das Bestreben der westeuropäischen Länder, ihre nationalen rüstungsindustriellen Entwicklungs- und Produktionskapazitäten zu erhalten. Die erwähnte Studiengruppe der IEPG möchte darüber hinaus – unter Nutzung des EG-Strukturfonds – die Produktionskapazitäten in den «weniger entwickelten Rüstungsproduktionsländern» – sprich Portugal, Griechenland, Türkei – ausbauen. Damit würden die Überkapazitäten und der Druck auf den Export vergrößert. Ein weiteres Problem, das die EG-Kommission und die Befürworter erweiterter Zusammenarbeit geflissentlich unerwähnt lassen, ist die Tatsache, daß die römischen EG-Verträge die Sicherheitspolitik ausklammern. In einigen Berichten der EG-Kommission und des Europäischen Parlaments werden Themen wie internationale Sicherheit, rüstungsindustrielle Kooperation und Beschränkungen des Rüstungsexports zwar behandelt, aber «der verbale Integrationsschub der 70er Jahre hatte keine großen Auswirkungen»[89] auf die tatsächlich durchgeführte Kooperation.

Firmen in Bedrängnis

Die beschriebenen Tendenzen haben sich bei einzelnen Firmen bereits in erheblichen Umsatzverlusten niedergeschlagen. In Westeuropa sind in der Rüstungsindustrie in den letzten drei Jahren mindestens 100000 Arbeitsplätze verlorengegangen, und wenn die derzeitigen Anzeichen nicht trügen, werden in den nächsten Jahren mindestens noch einmal so viele Beschäftigte freigesetzt werden. Besonders hart betroffen war die Werftindustrie, die mit einer doppelten Krise, nämlich dem Rückgang der zivilen Fertigung und später auch der Kriegsschiffproduktion, konfrontiert war. Den Höhepunkt der Fertigung von Handelsschiffen erreichten die deutschen Werften Mitte der siebziger Jahre; im wesentlichen hielten sie sich von da an mehr schlecht als recht mit Aufträgen der Bundesmarine und Rüstungsexporten über Wasser. In den achtziger Jahren sanken dann die Umsätze auch im Kriegsschiffbau. Die Großaufträge der Bundesmarine für Fregatten liefen aus. Die auf den Werften der Bundesrepublik geleisteten Arbeitsstunden sanken von fast 82 Millionen im Jahr 1975 auf knapp 43 Millionen 1983 und 40 Millionen 1985. Der Anteil der Kriegsschiffertigung und -reparatur betrug 1975 7,8 Prozent, 1983 16,3 Prozent und 1985 11,6 Prozent. Die Werften, die flexibel reagierten und in steigendem Maße diversifizierten und schiffsfremde Produktionszweige begannen, überstanden die Krise am besten – so vor allem Blohm & Voss. Am härtesten getroffen wurden durch den Rückgang der Aufträge diejenigen Werften, die sich – wie HDW – ganz auf Kriegsschiffproduktion spezialisieren wollten. Firmenzusammenbrüche und Entlassungen waren die Folge. Die Zeche mußten vor allem die Beschäftigten zahlen. Von 1975 bis 1988 wurde die Zahl der Arbeitsplätze auf den norddeutschen Großwerften um 60 Prozent reduziert.

Beschäftigte auf den Großwerften

	1975	1988
Blohm & Voss	6 700	5 770
Howaldtswerke Deutsche Werft	14 700	4 600
Bremer Vulkan	5 600	3 000
Thyssen Nordseewerke	4 750	1 970
AG Weser	4 700	geschlossen 1983
Gesamt	**36 450**	**15 340**

Quelle:Werner Voß, Reduction in Armaments Production: Lessons to be drawn from adjustment to structural change in the shipbuilding industry in the Federal Republic of Germany, Manuskript, Bremen 1989, S.9.

In anderen westeuropäischen Ländern war die Lage ähnlich. Eine regelrechte De-Industrialisierung hat in den Werftstandorten stattgefunden.

Andere Teile der Rüstungsbranche stehen heute vor ähnlichen Problemen. Nachdem die Großaufträge der Bundeswehr für Kampfpanzer ihrem Ende zugehen, klagen die Panzerschmieden Krauss-Maffei und MAK über erhebliche Umsatzeinbußen. Während in der Hochphase der Kampfpanzerproduktion von 1975 bis 1986 jährlich Aufträge über 1,5 Milliarden Mark nur für den Leopard-Panzer abgewickelt wurden, sank diese Summe 1987/88 auf 500 Millionen und soll 1989/1990 auf 180 Millionen sinken. In der Luft- und Raumfahrtindustrie sinkt der Anteil der militärischen Aufträge, und lediglich der Boom der zivilen Luftfahrt und der Bau hoch subventionierter ziviler Flugzeuge rettet die Branche vor einem Einbruch größeren Ausmaßes. Die besonders stark exportorientierte französische Luft- und Raumfahrtindustrie hat vor allem mit dem Rückgang militärischer Aufträge aus dem Ausland zu kämpfen. 1982 betrug der zivile Anteil nur 20 Prozent, 1987 betrugen die zivilen Exportaufträge aber schon zwei Drittel, bei insgesamt sinkendem Umsatz im letzten Jahr. Der Exportanteil der gesamten französischen Waffenindustrie war in der Vergangenheit stetig gewachsen; seit 1987 verzeichnen die großen Rüstungsfirmen erhebliche Umsatzeinbußen. Die rund 70 Firmen der italienischen Luft- und Raumfahrtindustrie sind zwar in großen internationalen Kooperationsprojekten fest verankert, doch auch hier sind die Zeiten des Exportbooms vorbei. Die US-amerikanische Firma Hughes hat Mitte 1989 Entlassungen von mehreren Tausend Beschäftigten angekündigt. Lediglich die britischen Luftrüstungsfirmen prosperierten, da sie einige Großaufträge verbuchen konnten.

Doch längst nicht alle Teile der Rüstungsindustrie hatten Grund zur Klage. Bei insgesamt stagnierenden Beschaffungshaushalten haben innerhalb der Branche strukturelle Verschiebungen stattgefunden. In den letzten Jahren hat sich immer stärker eine Tendenz zur Elektronisierung der Waffensysteme durchgesetzt. Der Kampfpanzer Leopard 1 bestand zu einem Fünftel aus Elektronik; für das Nachfolgemodell Leopard 2 stieg der Elektronikanteil auf rund 30 Prozent. Moderne Fregatten bestehen heute zu 60 bis 70 Prozent aus Elektronik, Schnellboote zu 40 Prozent und Lenkflugkörper zu 80 Prozent. Es ist deshalb keine Überraschung, daß das Systemmanagement für Kriegsschiffe Elektronikkonzernen wie AEG übertragen wird. Die Elektronikfirmen in der Bundesrepublik hatten in den letzten Jahren einen regelrechten Boom zu verzeichnen und werden vermutlich in den nächsten Jahren den traditionellen Waffenschmieden weitere Marktanteile streitig machen.

Eine Industrie in Bewegung

Die Rüstungsindustrie hat mit unterschiedlichen Methoden auf die Krise reagiert. Die Werftindustrie beispielsweise war in der Lage, in der zweiten Hälfte der siebziger Jahre die damalige Bundesregierung dazu zu bewegen, praktisch sämtliche Exportvorbehalte aufzugeben. Dieser Strategie sind jedoch heute enge Grenzen gesetzt. Eine zweite Variante zur Abfederung der Krise bestand darin, im Zusammenspiel mit den Streitkräften zusätzliche Aufträge für außerplanmäßige Beschaffungen durchzusetzen. Mitte 1985 wurde – losgelöst von jeglicher Bedrohungsanalyse – zur Dämpfung der industriellen Kapazitätsprobleme die Anschaffung zweier zusätzlicher Fregatten für die Marine beschlossen. Die Luftwaffe erhielt 35 neue MRCA-Tornados, und das Heer erhielt zusätzlich 250 Leopard-Panzer. Alle drei Vorhaben waren in der Bundeswehrplanung nicht vorgesehen und als Maßnahme gedacht, gerade den Zweigen der Rüstungsindustrie unter die Arme zu greifen, die Probleme hatten. Nicht eine rationale sicherheitspolitische Analyse, sondern erfolgreicher Lobbyismus und militärisch-industrielle Interessen waren das Kriterium für zusätzliche Rüstungsausgaben von rund 6 Milliarden Mark. Aber auch diese Strategie zur Bewältigung der Krise hat wegen der geschrumpften Finanzspielräume derzeit nur in Einzelfällen keine Perspektive.

Bei einer Anhörung der SPD-Bundestagsfraktion zum Thema Rüstungskonversion* im März 1989 betonte der Sprecher des Bundesverbandes der Deutschen Industrie (BDI), Meyer, daß zwar Überkapazitäten in Westeuropa bestehen, daß sich aber «für die deutsche wehrtechnische Industrie der Abbau von Überkapazitäten im Rahmen des marktwirtschaftlichen Systems grundsätzlich lösen läßt». Weiter hieß es, «daß die deutsche Rüstungsindustrie aufgrund ihrer Einbettung in die Gesamtstruktur unserer Wirtschaft im Prinzip auch Prozesse der Bedarfsänderung flexibler auffangen kann, als es nach den ausländischen Vorbildern einer sehr eng mit staatlichen Interessen verflochtenen Rüstungsindustrie möglich wäre. Politische Überlegungen zur Rüstungskonversion würden daher mehr zu den Rüstungsindustrien unserer wichtigen europäischen Bündnispartner passen. Bezeichnenderweise ist dort aber die Rüstungskonversion bislang kein ernsthaft zur Debatte stehendes Thema.»[90]

Diese «marktwirtschaftliche Lösung» bedeutet für Krisenbranchen wie die Werftindustrie Konkurse und Entlassungen, und sie führt zu einem verstärkten Konkurrenzkampf zu Lasten der kleinen und mittleren Unternehmen. Im westeuropäischen Kontext läuft die Analyse des BDI auf eine Empfehlung der westdeutschen Industrie an die Nachbarländer hinaus, zugunsten der in der Rüstung tätigen bundesrepublikanischen Konzerne Kapazitäten in Großbritannien, Frankreich, Belgien, Italien, den Niederlanden und Spanien abzubauen. Staatliche Eingriffe bei der Umstellung der Rüstungsproduktionskapazitäten scheut die Industrie wie der Teufel das Weihwasser, obwohl sich im Rüstungsbereich die ständig betonte marktwirtschaftliche Konzeption als reine Ideologie entpuppt. Denn keine Branche ist in der Bundesrepublik so stark von staatlichen Entscheidungen (bei

* Der Begriff Rüstungskonversion bezeichnet die Umstellung von Rüstungsproduktionskapazitäten auf die Herstellung ziviler Güter.

Aufträgen der Bundeswehr wie im Export) abhängig wie die Rüstungsindustrie.

In Reaktion auf die Krise ist die Rüstungsindustrie heute international in Bewegung geraten. Es findet sowohl eine Konzentration auf dem Rüstungssektor statt als auch die Diversifizierung von Rüstungsfirmen in andere Technologiebereiche. Wie die neugestaltete Rüstungsindustrie in Zukunft aussehen wird, lassen die derzeit laufenden Fusionen und Übernahmeangebote erkennen. In den USA schluckte der Automobilhersteller General Motors die Firma Hughes Aircraft, Chrysler übernahm den Flugzeughersteller Gulfstream, und die Flugzeugbauer General Dynamics kauften die Panzerwerke in Michigan von Chrysler, als dieses Unternehmen am Rande eines Konkurses stand. British Aerospace wurde durch die Übernahme des Automobilherstellers Rover und der früher staatlichen Royal Ordnance Factories zum größten britischen Industrieunternehmen und zum wichtigsten Exporteur. Als Reaktion auf den beabsichtigten Kauf von MBB durch Daimler-Benz – darauf wird weiter unten noch ausführlich eingegangen – wird in Frankreich inzwischen offen über ein Zusammengehen von Aérospatiale, Dassault (Luftrüstung) und Thomson-CSF (Elektronik) spekuliert. Neue industrielle Allianzen werden über die Grenzen hinweg geschmiedet. Der westdeutsche Elektro-Multi Siemens, in der Bundesrepublik einer der Großen im Rüstungsgeschäft, kaufte zusammen mit der General Electric Company aus Großbritannien den Rüstungskonzern Plessey.

In kleinerem Rahmen bewegten sich die Operationen des Panzerketten- und Munitionsherstellers Diehl aus Nürnberg. Diehl besitzt die Firma Mauser, die unter anderem die Bordkanone des MRCA Tornado herstellt. Durch den Verkauf der Mehrheitsbeteiligung an der italienischen Mauser-Tochter Arturo Junghans (Munition und Zünder) an den italienischen Großkonzern Montedison hat Diehl sich die Mittel beschafft, um die Flensburger Fahrzeugbau-Gesellschaft und deren Panzerreparaturkapazitäten aufzukaufen. Das Flensburger Unternehmen hatte aufgrund des Konkurses der Harmsdorf-Werft zum Verkauf gestanden. Jetzt steht der Lenkwaffenhersteller Bodenseewerk Gerätetechnik, der zur Zeit von Perkin Elmer aus den USA angeboten wird, auf der Wunschliste von Diehl.

Daimler-Benz: Waffen zu Lande, zu Wasser und in der Luft

Mit dem Einstieg von Daimler-Benz beim größten westdeutschen Rüstungshersteller MBB hat der seit einigen Jahren stattfindende Konzentrationsprozeß seinen vorläufigen Höhepunkt erreicht. Noch vor Boeing, McDonald Douglas und British Aerospace wird die von Daimler-Benz gegründete Deutsche Aerospace die größte Firma ihrer Branche. Mit tatkräftiger Unterstützung des Wirtschaftsministeriums und der Deutschen Bank, dem Hauptaktionär des Automobilkonzerns, ist der größte deutsche Konzern nun auch größter Rüstungsproduzent Westeuropas. Fast 400000 Beschäftigte erarbeiten bei Daimler einen Umsatz von rund 80 Milliarden Mark, fast vier Prozent des gesamten Bruttosozialproduktes der Bundesrepublik Deutschland. Der Rüstungsanteil im Konzern dürfte sich bei 10 Prozent des Umsatzes einpendeln. An sämtlichen großen Rüstungsprojekten werden Daimler-Benz und die Tochterfirmen in Zukunft beteiligt sein. Für die Hälfte aller Aufträge der Bundeswehr und 70 Prozent aller Forschungs- und Entwicklungsaufträge wird der Konzern als Generalunternehmer zuständig sein. Ein Viertel des Gesamtumsatzes der Rüstungsindustrie ist auf Daimler konzentriert. Das Angebot reicht von Geschossen bis zu Geschützen, von Seeminen bis zu Schnellbooten, von Radar bis zu Raketen, von Panzern bis zu Panzerabwehrhubschraubern, von Bordkanonen bis zu Boden-Luft-Lenkwaffen, von Satelliten bis zu Sattelschleppern. Zu Lande, zu Wasser und in der Luft... der gute Stern ist immer dabei. Die Produktpalette ist breit genug gefächert, um Angreifer wie Verteidiger gleichermaßen auszurüsten. Eine neue Rüstungsmacht entsteht, die die Rüstungsgiganten des Dritten Reiches in den Schatten stellt.

Daimlers Rüstungsengagement ist nicht neu. Schon seit Jahrzehnten beliefert die Nutzfahrzeugabteilung des Konzerns Streitkräfte in aller Welt mit Lastkraftwagen. Auch in Kriegs- und Krisengebieten sind die Stuttgarter Fahrzeuge im Einsatz. Seit Anfang der achtziger Jahre erfolgte der konsequente Einstieg in das Rüstungsgeschäft: Die große Finanzkraft des Unternehmens und staatliche Unterstützung ermöglichten die Übernahme der AEG (mit ihrer starken Ausrichtung auf Militärelektronik), des Luftrüstungskonzerns Dornier und den kompletten Aufkauf des Triebwerkherstellers MTU. Mit dem Panzerketten- und Munitionshersteller Diehl betreibt MBB gemeinsam die Raketentechnik GmbH. Siemens wiederum ist schon heute an MBB beteiligt, ebenso wie die französische Firma Aérospatiale. Darüber hinaus hält Daimler-Benz, wie auch die englische Rüstungsgruppe GEC-Marconi vier Prozent des Kapitals des französischen Rüstungs- und Technologiekonzerns Matra. Matra und Daimler-Benz wiederum diskutieren derzeit eine Beteiligung Matras in ähnlicher Höhe an Daimler-Benz. Schon jetzt arbeitet Matra gemeinsam mit der Daimler-Tochter Dornier an einem Satellitenprojekt, mit MBB arbeitet die französische Firma bei Waffensystemen und beim Raumlabor Spacelab zusammen. Bei der spanischen Luftrüstungsfirma CASA, die MBB-Hubschrauber in Lizenz produziert und an der MBB Kapitalanteile hält, hat die 1989 von Daimler gegründete Deutsche Aerospace schon angemeldet, daß sie die Anteile der amerikanischen Northrop übernehmen will. Ein Rüstungskonglomerat wird von Daimler-Benz geschmiedet – mit entsprechenden Gegenmaßnahmen im Ausland –, mit dem der letzte Rest marktwirtschaftlicher Elemente in der Rüstungsbeschaffung verschwindet.

Kritik an diesem Konzentrationsprozeß kommt aus verschiedenen Richtungen:

Erstens melden konservative Wirtschaftspolitiker, die sogenannten Ordo-Liberalen, ordnungspolitische Bedenken an. Sie befürchten eine demokratiegefährdende Machtkonzentration. Denn Daimler-Benz ist nicht nur an Rüstungsaufträgen interessiert, sondern bringt auch rund ein Zehntel der Körperschaftsteuer in der Bundesrepublik auf. In diese Kritik, die die Konzentration, nicht aber das Rüstungsengagement im Blick hat, stimmen auch Kartellamt und Monopolkommission ein. Der Präsident des Bundeskartellamtes, Wolfgang Kartte, kritisierte die Gigantomanie der Konzerne: «Dem Staat, dem großen Verlierer, wird nur noch eine bescheidene Aufgabe zugewiesen, nämlich die ‹Vision Europa› zu vertreten ... Das ist schon starker Tobak», schreibt Kartte. «Die Multis entziehen sich der Kontrolle durch den Staat, reklamieren bei ihren Investitionen weltwirtschaftliche Verantwortung, und der Staat soll um seine verbleibende Rolle mit ihnen ringen. Wozu haben wir die Fürsten abgeschafft, wenn wir uns jetzt, in Europa, einer neuen Aristokratie von Unternehmensführern ausliefern sollen?»[91] Die Konzernmanager, auch von Daimler-Benz, wehren diese Kritik ab; sie halten den Vorwurf der Machtkonzentration für provinziell, rückwärts gerichtet und verweisen auf den Weltmarkt, auf dem angeblich nur die großen Konzerne überleben können.

Zweitens wird regelmäßig die Eisenhower-Warnung vor dem militärisch-industriellen Komplex aufgegriffen. Der Vorsitzende des Aufsichtsrates bei Daimler-Benz, Alfred Herrhausen, wies diese Kritik mit Hinweis auf den 10prozentigen Rüstungsanteil zurück: «Hier entsteht kein militärisch-industrieller Komplex... Und ich glaube nicht, daß zehn Prozent ein eigenes Momentum bekommen. Ich glaube eher, das Gegenteil wird der Fall sein. Die Bemühungen bei MBB, bei Dornier, bei AEG, den zivilen Bereich stärker auszubauen, sind ganz offenkundig.»[92] Ist die Kritik so einfach von der Hand zu weisen? Der Stuttgarter Konzern ist jetzt doppelt so groß wie der US-Rüstungsgigant United Technologies. Kein Luft- und Raumfahrtprojekt und kein Panzerprojekt entsteht ohne Beteiligung von Daimler-Benz. In Zukunft sehen sich die Beschaffer von Waffen und Gerät einem Monopolisten mit starker Preissetzungsmacht gegenüber. Die Beschaffungsbehörden müssen neben dem Preis- auch das Technologiediktat des Konzerns fürchten. Als Alternative zu Daimlers Rüstungsangeboten bleibt oft nur der Kauf im Ausland, der aber vermutlich aufgrund nationaler Prioritäten weiterhin eine seltene Ausnahme darstellen wird. Während die Regierungen noch Überlegungen für eine Koordination der Beschaffung im westeuropäischen Rahmen diskutieren, haben die Großkonzerne schon Fakten geschaffen.

Schließlich fürchten die Gewerkschaften zu Recht den Verlust von Arbeitsplätzen durch forcierte Standortbereinigungen. In der Tat hat das Firmenmanagement nie Zweifel daran gelassen, daß der Konzern Überkapazitäten der Rüstungsunternehmen abbauen und den Bereich Luft- und Raumfahrtindustrie neu ordnen wird. Der Einstieg bei AEG, bei Dornier und die komplette Übernahme von MTU war Daimler-Benz für die Formierung eines Weltkonzerns in der Luft- und Raumfahrt zuwenig. Es fehlte mit MBB die größte westdeutsche Firma und damit der wichtigste Konkurrent. Etliche Zigmilliarden Mark staatlicher Subventionen und Aufträge beim Jäger 90, beim deutsch-französischen Panzerabwehrhubschrauber, bei Forschungs- und Entwicklungsprojekten, beim Airbus und bei den Weltraumprojekten Ariane, Hermes und Columbus waren ein starker Anreiz für den Einstieg bei MBB. Nun stehen Rationalisierungen auf der Tagesordnung, damit bei der Endabrechnung dieser Projekte auch die gewünschten Gewinne herauskommen.

Für Daimler-Benz stehen bei der Beteiligung an MBB vor allem drei Motive im Vordergrund: Das wichtigste ist die Diversifizierung des Konzerns vom traditionellen Automobilbauer zu einem modernen Technologieunternehmen. Mit Rüstungstechnologie, voll vom Staat vorfinanziert, und mit modernen zivilen Technologien sollen die Weichen für das nächste Jahrhundert gestellt werden. Zweitens will man die bereits erwähnte «Bereinigung» im Luft- und Raumfahrtbereich vornehmen und den lästigsten Konkurrenten loswerden. Drittens schließlich verfügt Daimler-Benz über genügend liquide Mittel, um im profitablen Rüstungsgeschäft zu investieren – auch wenn der Rüstungsindustrie für die nächsten Jahre keine rosigen Zeiten prophezeit werden. Kommt es im Ost-West-Dialog tatsächlich zu weitgehenden Abrüstungsschritten, ist Daimler-Benz als großer Konzern eher in der Lage, Umstellungen vorzunehmen, als kleinere und mittlere Unternehmen, die stark von Militäraufträgen abhängig sind. Bleiben aber die Abrüstungsbemühungen bei den nuklearen Waffen stecken und wird das Gewicht der konventionellen Waffen in Europa gar verstärkt, hat sich Daimler-Benz die industriellen und politisch-ökonomischen Voraussetzungen geschaffen, um aus dem dann vermutlich wieder wachsenden Rüstungsetat ein großes Stück herauszuschneiden.

Für die Kontrolle des Rüstungsexports werden das Engagement von Daimler-Benz und das vom Konzern ausgelöste Rennen um grenzüberschreitende Firmenaufkäufe und Fusionen schwerwiegende Konsequenzen haben. Transnationale, weltweit operierende Unternehmen haben nicht nur leistungsfähigere Akquisitions- und Kundendienstnetze, mit denen neue Geschäfte angebahnt und effektiv abgewickelt werden, sie können auch durch die Nutzung ihrer zahlreichen Tochterfirmen im Ausland nationale Kontrollen leichter unterlaufen. Der heute schon weitgehend nach kommerziellen Gesichtspunkten abgewickelte Handel mit Waffen wird dadurch in Zukunft immer mehr der staatlichen Kontrolle entzogen. Es entsteht ein echter Weltwaffenmarkt.

5. Politische Perspektiven

Abrüstung und Entwicklung

Die Strategien der Firmen im Rüstungsexport sind nur eine Seite der Medaille. Daß Firmen versuchen, ihre Produktionskapazitäten auszulasten, im internationalen Wettbewerb zu bestehen und zusätzliche Gewinne durch Rüstungsexporte zu erzielen, liegt in der Natur ihrer Geschäfte. Ausschlaggebend für den Rüstungsexport ist letztlich jedoch nicht das Geschäftsinteresse der Rüstungsunternehmen, sondern die Politik der Regierungen – sowohl in den Import- als auch in den Exportländern. Denn bis auf die zwar manchmal spektakulären, insgesamt betrachtet aber nicht sehr bedeutsamen illegalen Rüstungsgeschäfte sind Regierungen in jedem Falle verantwortlich für den Handel mit Waffen. Das bedeutet, daß der Kurs im internationalen Rüstungshandel korrigiert werden kann, wenn der politische Wille hierfür vorhanden ist.

Bei verschiedenen UNO-Konferenzen wurde von sämtlichen Mitgliedsländern immer wieder die Notwendigkeit von Abrüstung und Entwicklung hervorgehoben. In zahlreichen Berichten der UNO werden die fatalen politischen, wirtschaftlichen und sozialen Folgen des Rüstungstransfers beschrieben. Im jüngsten Bericht von 1989 heißt es, daß «die Regierungen mit den menschlichen, natürlichen und materiellen Ressourcen» sorgfältiger umgehen müssen und «daß ein größerer Anteil der Ressourcen durch Abrüstung für die sozio-ökonomische Entwicklung freigemacht werden muß, um die wirtschaftliche Lücke zwischen entwickelten Ländern und Entwicklungsländern zu überbrücken.»[93] Um die Unterentwicklung zu überwinden – so lauten die generellen Schlußfolgerungen der UNO-Expertenberichte –, müssen Mittel aus dem Rüstungsbereich abgezogen und für Entwicklungsaufgaben verwendet werden. Um kriegerische Gewaltanwendung zu reduzieren und Konflikte nicht weiter anzuheizen, ist der Handel mit Waffen zu kontrollieren und einzuschränken. Diese Einsichten finden breite Zustimmung. Doch zwischen den öffentlichen Erklärungen der Regierungen im Forum der Vereinten Nationen und dem praktischen Handeln klafft offensichtlich eine große Lücke. Denn die großen Worte über Abrüstung, Entwicklung und über notwendige Kursänderungen, die für das Überleben der Menschheit notwendig sind, werden nur selten von konkreten Maßnahmen begleitet.

Warum ist die internationale Lage so deprimierend, wenn sich doch die Erkenntnis von der notwendigen Umkehr durchgesetzt hat? Eine Erklärung läßt sich aus den Diskussionen in der UNO leicht ableiten: Solange nur allgemein über die negativen Folgen des Waffenhandels und der Aufrüstung gesprochen wird, besteht Übereinstimmung. Wenn die als richtig erkannten Maßnahmen im nationalen Rahmen in die Tat umgesetzt werden sollen, hört die Übereinstimmung auf. Die Gruppe der Entwicklungsländer fordert im Regelfalle, über die Abrüstung in den hochgerüsteten beiden Militärblöcken NATO und WVO zu verhandeln. In den Industrieländern wird häufig die besonders eklatante Verschwendung von Ressourcen in Entwicklungsländern hervorgehoben, die angesichts der Verelendung und Armut in der Dritten Welt nicht zu verantworten ist. Keine Regierung aber erklärt, sie habe zuviel für Rüstung und zuwenig für Entwicklung getan. Vielmehr wird die eigene Rüstung immer mit einer angeblich sorgfältigen Bedrohungsanalyse legitimiert. Wenn von der Einschränkung des Waffenhandels die Rede ist, ist immer der Export der Konkurrenten oder der Import des Nachbarlandes – des vermeintlichen Gegners – gemeint. Geht es jedoch um konkrete Waffengeschäfte aus der Sowjetunion in den Iran, aus Frankreich nach Saudi-Arabien, aus den USA nach Brasilien, aus Israel nach Lateinamerika, aus der Bundesrepublik Deutschland nach Malaysia usw., dann müssen – oft hinter vorgehaltener Hand geäußerte – politische Überlegungen über die Schaffung von Einflußsphären und über Bedrohungen durch Nachbarländer herhalten; und nicht zuletzt stehen bei den Exporteuren auch wirtschaftliche Interessen im Vordergrund.

Wenn Geschäfte scheitern, scheitern sie normalerweise nicht an sicherheits- oder entwicklungspolitischen Bedenken, oder gar daran, daß die gehandelten Waffen in einem Krieg eingesetzt werden sollen; die Geschäfte kommen vor allem dann nicht zustande, wenn den Importländern die nötigen finanziellen Mittel fehlen und sie bereits hoch verschuldet sind. Es scheinen derzeit kaum politische, sondern primär wirtschaftliche Grenzen zu bestehen, die eine weitere Ausweitung des Waffenhandels verhindern.

In der offiziellen Analyse und Diskussion der UNO wird zwar das

Nebeneinander von wachsender Unterentwicklung und weltweiter Verschwendung durch Rüstung erkannt. Die Ursachen für den unerträglichen Zustand werden jedoch nicht benannt. Vor allem fehlen Hinweise auf die innergesellschaftlichen Triebkräfte für Rüstung und Militarisierung. Mit mystifizierender Rhetorik bezeichnete beispielsweise der Präsident der letzten UNO-Konferenz für Abrüstung und Entwicklung 1987, der indische Außenminister Natwar Sing, die ruinösen Militärausgaben als einen «Teufel, der in jedes Haus und Heim zu kommen droht und einen langen Schatten auf jegliches menschliche Tun wirft».[94] Natürlich ist allen Beteiligten klar, daß Waffenhandel und Rüstungshaushalt nicht Teufelswerk sind, sondern von Regierungen beschlossen und durch handfeste Interessen, Ängste und bestehende Konflikte angeheizt werden. Hinter der Ausklammerung innergesellschaftlicher Ursachen steht das politische Prinzip der Nichteinmischung in die inneren Angelegenheiten anderer Länder. Auf der diplomatischen Ebene wird die Nichteinmischung weitgehend eingehalten, der Waffenhandel selbst aber steht im direkten Gegensatz zu diesem Prinzip, denn die Lieferung von Waffen an ein im Krieg befindliches Land bedeutet eine klare Parteinahme und Einmischung.

Waffenlieferungen sind zwar nicht die Ursache für Konflikte und Kriege, sie machen aber kriegerische Auseinandersetzungen möglich. Rüstung verschärft die Unterentwicklung in der Dritten Welt, denn der Einsatz knapper finanzieller und menschlicher Ressourcen für Rüstung geht für Entwicklungsaufgaben verloren. Abrüstung fördert aber nicht zwingend und erst recht nicht automatisch Entwicklung. Zur Verringerung des Schuldenproblems vieler Dritte-Welt-Länder wäre die Reduzierung des Waffenhandels ein sinnvoller Schritt; über die finanzielle Sphäre hinaus ist jedoch die Umorientierung auf Entwicklung nicht so leicht möglich. Die bislang in der Produktion von Waffen verwendeten Produktionsmittel können im Regelfalle nicht ohne weiteres in Entwicklungsprojekten eingesetzt werden. Manche der überzüchteten Rüstungskapazitäten und -technologien sind für andere Aufgaben ungeeignet. Abrüstung und Entwicklung sind politisch attraktive Forderungen, und zur Überwindung der Unterentwicklung ist es notwendig, auf die durch Rüstung verschwendeten Ressourcen zurückzugreifen. Entscheidend für die Verwirklichung der Ziele Abrüstung und Entwicklung sind jedoch die Bedingungen, unter denen die Ressourcen umgeschichtet werden. Mit dem Einsatz komplexer und kapitalintensiver Technologien aus dem Rüstungsbereich in Entwicklungsländern wäre der Entwicklung nicht gedient. Eine ungeeignete, unangepaßte Industrialisierung würde entstehen. Deshalb muß eine Umorientierung behutsam und gezielt erfolgen.

Konversion

Das ökonomische Problem der Umstellung der Rüstungsindustrie sollte auf der anderen Seite nicht als übertrieben groß und schwierig dargestellt werden. In der Bundesrepublik hängen vom Handel mit Waffen höchstens 60000 Arbeitsplätze ab. (Die genaue Zahl ist nicht bekannt, weil dieser Export mit soviel Geheimniskrämerei abgeschirmt wird und seine wirtschaftlichen Wirkungen deshalb nicht genau analysiert werden können.) Weniger als 0,2 Prozent der Erwerbstätigen in der Bundesrepublik Deutschland sind durch Rüstungsexporte beschäftigt. Andererseits aber – dies wurde im letzten Kapitel betont – ist der Verlust von mindestens 100000 Arbeitsplätzen in der Rüstungsindustrie Westeuropas während der letzten drei Jahre auch keine wirtschaftliche Kleinigkeit.

Das Hoch- und Runterfahren der Kapazitäten in der Rüstungsindustrie ist ein eher normaler und alltäglicher Vorgang. Die Herausforderung, sich auf veränderte Märkte und neue Produkte einzustellen, ist eine typische Managementaufgabe und nicht rüstungsspezifisch. Die Rüstungsindustrie hat auf schwankende Aufträge und auf die für diese Branche typische zyklische Auftragsvergabe mit verstärktem Lobbyismus, forciertem Export oder auch mit Entlassungen und Betriebsschließungen reagiert. Heute scheint angesichts der Abrüstungsbemühungen, knapper Haushaltsmittel und stagnierendem Waffenhandel Konversion das Gebot der Stunde zu sein, wenn sich auch Rüstungsfirmen und Industrieverbände noch ablehnend verhalten. Volkswirtschaftlich wie auch technisch ist die Umstellung der Rüstungsindustrie kein unüberwindliches Problem, wenn der Umstellungsprozeß geplant durchgeführt wird. Zu diesem übereinstimmenden Ergebnis kommen Konversionsstudien aus verschiedenen Ländern. Die entscheidende Voraussetzung ist, daß die Rüstungs- und Militärausgaben nicht ersatzlos gestrichen, sondern für Alternativen ausgegeben werden. Wenn das staatliche Ausgabenniveau nicht sinkt und statt Rüstung beispielsweise Umweltschutzmaßnahmen finanziert werden, entstehen genügend Alternativarbeitsplätze, die die Verluste im Rüstungsbereich ausgleichen. Voraussetzung ist ferner, daß in geringem Umfang für die Beschäftigten in der Rüstungsindustrie Umschulungsmaßnahmen durchgeführt werden.

Einige Merkmale der Rüstungsproduktion und der Rüstungsindustrie erleichtern den Umstellungsprozeß. So verfügt die weitaus größte Zahl der Beschäftigten über Qualifikationen, die auch bei alternativer Produktion eingesetzt werden können. Außer in einigen Teilbereichen – so zum Beispiel im Raketenbau und in der Munitionsfertigung –, in denen sich die Standards, Normen und Vorschriften der Rüstungsproduktion von ziviler Fertigung unterscheiden, arbeiten in der Rüstungsindustrie in der Regel Menschen mit üblichen Qualifikationen und keineswegs ungewöhnlichen Ausbildungsgängen. Es sind Facharbeiter und Ingenieure – im wesentlichen aus der Metallverarbeitung und der Elektro- und Elektronikindustrie –, wie sie auch in anderen Zweigen der Industrie zu finden sind. Den typischen «Rüstungsarbeiter», «Panzerbauer» oder «Kanonenkonstrukteur» gibt es nicht.

Erleichternd ist für die Umstellung auf zivile Fertigung ebenfalls die Tatsache, daß nur wenige Unternehmen in der Bundesrepublik Deutschland von Rüstungsproduktion stark abhängig sind. Eine starke Rüstungsabhängigkeit gilt lediglich für die Luftrüstungsindustrie, die Generalunternehmer im Panzerbau und einige wenige mittelgroße Betriebe (Werften und Panzerbau). Die meisten Unternehmen im Rüstungsbereich sind große Konzerne, die auch nichtmilitärische Produkte herstellen und sich nicht erst durch Umstellung an einen zivilen, für sie fremden Markt gewöhnen müssen. Die Entwicklungs-, Produktions-, Marketing- und Managementkenntnisse für zivile Produkte sind also vorhanden. Ihre Größe verschafft diesen Unternehmen allerdings auch eine Machtposition, durch die sie wirkungsvoller als kleinere Firmen Einfluß auf Rüstungsbeschaffung und Rüstungsexport nehmen.

Realistischerweise muß man davon ausgehen, daß Abrüstung und die Einschränkung des Rüstungshandels – wenn überhaupt – nicht abrupt, sondern schrittweise stattfinden werden. Es geht also nicht darum, innerhalb von Wochen Tausende neuer Arbeitsplätze zu schaffen. Weltweit arbeiten etwa sechs Millionen Menschen in der Rüstungsproduktion, in der Bundesrepublik weniger als 300000.

Würden die Rüstungsbeschaffungen beispielsweise jährlich um fünf Prozent gesenkt, entfielen pro Jahr weltweit 300000 und in der Bundesrepublik weniger als 15000 Arbeitsplätze. Würde die Regierung beschließen, ab sofort keine Waffen in Länder außerhalb der NATO zu exportieren und lediglich die bereits genehmigten Exporte auszuführen, würden bis 1995 jährlich rund 4000 bis 5000 Arbeitsplätze entfallen. Angesichts der täglich stattfindenden industriellen Umstrukturierung und der seit Jahren konstant über zwei Millionen liegenden Zahl der Arbeitslosen in der Bundesrepublik ist die Umstellung durch Abrüstung oder den Wegfall von Rüstungsexporten volkswirtschaftlich gesehen wirklich eine Marginalie. Allerdings würden in einigen Firmen, Kommunen und Regionen Probleme entstehen, wenn der Umstellungsprozeß ungeplant und ohne Kompensationsmaßnahmen durchgeführt werden würde.

Erleichternd für eine Umstellung der Produktionskapazitäten ist schließlich, daß in allen Ländern mit hoher Rüstungsproduktion in vielen Bereichen erhebliche Unterversorgung besteht. Das gilt nicht nur für die Sowjetunion und ihre Verbündeten sowie für Entwicklungsländer. Auch in den westlichen Industrieländern ist Bedarf beispielsweise für eine Versorgung mit alternativer Energie, für die Verbesserung der Umweltqualität und den Umweltschutz oder für den Ausbau des öffentlichen Nah- und Güterverkehrs vorhanden. Die wenigen gewerkschaftlichen Arbeitskreise in Rüstungsbetrieben, die sich mit Umstellungskonzepten beschäftigen, kamen zu dem Ergebnis, daß in Rüstungsbetrieben das Know-how, die Qualifikationen und der Maschinenpark vorhanden sind, um sich in diesen neuen Sektoren zu engagieren.

Verbot des Rüstungsexportes

Bislang fehlt in der Bundesrepublik Deutschland der politische Wille, um aus den Abrüstungsperspektiven in Europa Konsequenzen zu ziehen und Rüstungskapazitäten abzubauen. Ebensowenig besteht die Absicht, das nach dem Grundgesetz vorgesehene Verbot des Exportes von Waffen zu praktizieren. Allerdings hat sich 1989 der seit Mitte der siebziger Jahre bestehende Trend zur Aushöhlung der an sich restriktiven Gesetze und zur Liberalisierung des Rüstungsexportes (zumindest kurzfristig) verändert. Ausgangspunkt für die vorläufig nicht mehr ganz so großzügige Handhabung der Rüstungsexporte war der Skandal um die Lieferung einer C-Waffen-Fabrik nach Libyen. Die Bundesregierung geriet durch ihre Verstrickung in diese Geschäfte international in Bedrängnis und sah sich aufgrund der Proteste gezwungen, zu handeln. In der Parlamentsdebatte, in der die Lieferung der C-Waffen-Fabrik nach Libyen diskutiert wurde, kündigte die Regierung vier Maßnahmen zur Verhinderung ähnlicher Geschäfte an: «... zum einen neue Exportverbote für militärisch nutzbare Güter; zum zweiten die Verbesserung der Informationsbasis der Kontrollbehörden und des Informationsaustausches zwischen ihnen; zum dritten die Verschärfung bestehender Straf- und Bußgeldbestimmungen und die Einführung der Strafbarkeit für die Mitwirkung von Deutschen bei der Herstellung und Verbreitung von biologischen und chemischen Waffen, wo immer auf der Welt dies geschieht, ob im Inland oder Ausland. Dabei prüfen wir», fügte der damalige Kanzleramtsminister Schäuble hinzu, «ob wir dies auch auf atomare Waffen zusätzlich erstrecken können, wo es eine besondere Problematik gibt... Dazu gehört zum vierten die erheblich verbesserte personelle und materielle Ausstattung der Kontrollbehörden.»[95]

Schritte zu einer besseren Kontrolle des Rüstungsexportes sind nötig und durchaus zu begrüßen. Diese Maßnahmen, die zum Teil seit Mitte 1989 angewendet werden, greifen jedoch zu kurz. Die angekündigten Exportverbote für militärisch nutzbare Güter mögen zur Verhinderung dubioser Geschäfte à la Imhausen dienlich sein, eine darüber hinausgehende, effektive Beschränkung des Waffenexports jedoch bedeuten sie nicht. Im übrigen hätten die Exportverbote schon früher auf der Basis der bestehenden Gesetze erlassen werden können. Es bleibt abzuwarten, ob diese erste Maßnahme tatsächlich praktiziert wird und wenn ja, wie lange der erklärte politische Wille zur Beschränkung des Exportes militärisch nutzbarer Güter anhält. Die Folgenlosigkeit früherer hehrer Absichtserklärungen gibt Anlaß zur Skepsis. Ob die zweite Maßnahme, die Verbesserung der Information, eine substantielle Änderung bedeutet, muß ebenfalls bezweifelt werden. In vielen kritischen Fällen spielten die Kontrollbehörden, insbesondere Beamte des Bundesamtes für Wirtschaft, bei den dubiosen Transfers mit, obwohl sie über deren Charakter bestens informiert waren. Die Geschäfte – beispielsweise der Export von Atomtechnologie nach Pakistan und Indien – beruhten geradezu darauf, daß im zuständigen Kontrollamt beide Augen zugedrückt wurden. Der dritte Schritt, die Verschärfung der Straf- und Bußgeldbestimmungen, wirkt geradezu lächerlich, wenn man bedenkt, daß schon die bisher bestehenden Möglichkeiten zur Bestrafung nicht ausgeschöpft wurden. Wenn sich die Praxis der Gerichte nicht ändert, werden auch höhere Strafandrohungen kaum abschreckend wirken. Der vierte Schritt, die Verbesserung der personellen Ausstattung der Kontrollbehörden, ist eine notwendige und unbedingte Voraussetzung für wirksame Kontrollen. Ob allerdings das für seine laxen Kontrollen bekannte Bundesamt für Wirtschaft allein durch die Aufstockung des Personals in Zukunft strenger prüft, darf ebenfalls bezweifelt werden. Nur klare politische Signale und eine deutliche Abkehr von der Politik des «im-Zweifelsfalle-für-den-Export» werden das Amt zu einer effektiven Kontrollpraxis veranlassen.

Mit den halbherzigen Maßnahmen der Bundesregierung ist nicht viel gewonnen. Was heute not tut, ist eine grundsätzliche Änderung der Exportpolitik. Dazu gehören nicht nur schärfere Kontrollen und Genehmigungsauflagen für Chemie- und Atomwaffen, sondern auch für die Exporte konventioneller Waffen und sonstiger Rüstungsgüter jeder Art. Zu Recht kritisierte die Opposition in der oben zitierten Parlamentsdebatte, daß die Regierung so spät und nur unter dem Druck der öffentlichen Meinung reagierte. «Hätten Sie unserem Gesetzentwurf zur Kriegswaffenkontrolle im Dezember 1986 zugestimmt, als Ihnen schon über ein Dutzend Berichte zu den Rüstungsexportaktivitäten deutscher Firmen in Libyen vorlagen», sagte der SPD-Abgeordnete Gansel, «so wäre manches vermieden worden, und wir könnten uns heute manches ersparen.»[96]

Der Gesetzentwurf der SPD, mit der Mehrheit der Regierungsparteien im Parlament abgelehnt, sah wesentliche Änderungen vor und bildet auch heute noch eine gute Grundlage für eine Gesetzesänderung. Durch diesen Entwurf sollte allerdings nur das Kriegswaffenkontrollgesetz von 1961, nicht jedoch das Außenwirtschaftsgesetz verändert werden. Vorgesehen war erstens, Rüstungsgüter mit Kriegswaffenfunktion, die zur Zeit unter das Außenwirtschaftsgesetz fallen, nach dem strengeren Kriegswaffenkontrollgesetz zu behandeln. Zweitens enthält der Gesetzentwurf eine Länderliste, danach dürfen Kriegswaffen nur in die 24 Mitgliedsländer der OECD ausgeführt werden. Die Länderliste soll – wie die Kriegswaffenliste – Bestandteil des Gesetzes sein und nur mit Zustimmung des Bundesrates geändert werden können. Drittens sollen Teile, Fertigungsunterlagen und Anlagen für Kriegswaffen wie Kriegswaffen selbst behandelt werden. Viertens ist vorgesehen, daß «Amtsträger», die rechtswidrige Genehmigungen erteilen, bestraft werden können. Fünftens soll – nach dem Vorbild des Wehrbeauftragten und des Datenschutzbeauftragten – ein «Beauftragter des Bundestages für die Kriegswaffenkontrolle» eingesetzt werden, der eine Klagebefugnis gegenüber Genehmigungen der Bundesregierung erhält und der «jährlich einen Tätigkeitsbericht» vorlegt, in dem «Umfang, Entwicklung und wirtschaftliche Bedeutung der Kriegswaffenproduktion und des Kriegswaffenexportes» aufgeführt sind. Er soll ferner Vorschläge für notwendige Veränderungen der Kriegswaffenliste machen.[97]

Dieser Gesetzentwurf ist ein Schritt in die richtige Richtung, weil Beschränkungen vorgesehen sind, die parlamentarische Kontrolle verstärkt wird, mehr Informationen veröffentlicht werden und Amtsträger für widerrechtliche Genehmigungen belangt werden können. Allerdings enthält auch dieser Gesetzentwurf noch einige Lücken und Schlupflöcher. So werden nicht sämtliche Rüstungsgüter beschränkt, sondern lediglich Kriegswaffen und Rüstungsgüter mit Kriegswaffenfunktionen. In der Länderliste ist beispielsweise auch die Türkei wegen ihrer Mitgliedschaft in NATO und OECD enthalten, obwohl bekannt ist, daß in der Türkei Folter und andere Menschenrechtsverletzungen an der Tagesordnung sind. Außerdem wird bei Koproduktionen und Kooperationen mit Firmen aus Nachbarländern eine Ausnahme gemacht. Teile, Fertigungsunterlagen und Anlagen für Kriegswaffen aus der Bundesrepublik, die in einem von der Regierung mit Zustimmung des Bundestages genehmigten Koprojekt in einem anderen NATO-Land verwendet werden, könnten demnach auch weiterhin exportiert werden. In anderen Worten: grünes Licht für Exporte à la Tornado, Alpha Jet, Panzerabwehrhubschrauber, Feldhaubitze 70 usw. Firmen, die die verschärften deutschen Bestimmungen umgehen wollen, würden damit zu Koproduktionen ermuntert.

Würde dieses Gesetz im Bundestag neu eingebracht und verabschiedet, dann würde die Liste der Empfänger westdeutscher Waffen beträchtlich schrumpfen, und der Geheimniskrämerei um Exporte wäre ein Riegel vorgeschoben. Zwar könnten auch mit den heute bestehenden Gesetzen, bei entsprechendem Willen der Regierung, viele Rüstungsexporte verhindert werden, doch der SPD-Gesetzentwurf ist wesentlich eindeutiger und läßt dem politischen Opportunismus der jeweiligen Regierungen weniger Spielraum. Auch der Mitte 1989 von der Bundesregierung vorgelegte Entwurf zur Änderung der Außenwirtschaftsverordnung, der die Strafbestimmungen verschärfen soll und vor allem die Kontrollmöglichkeiten für Ausrüstungen im kerntechnischen, biologischen und chemischen Bereich verbessern soll, ist ein Schritt in die richtige Richtung. Doch da die Kontrollpolitik in der Vergangenheit versagt hat, wäre eine neue, weitergehende Gesetzesinitiative der Regierung eine wichtige Konsequenz, die aus den fatalen Folgen westdeutscher Rüstungsexporte und aus der Skandalserie der letzten Jahre gezogen werden müßte.

Anhang

Begriffe und Statistiken des Waffenhandels

In diesem Buch werden unterschiedliche Begriffe und Statistiken verwendet, ohne daß jeweils ein Hinweis auf deren exakte Bedeutung gegeben wird. Die am häuftigsten benutzten Statistiken stammen von SIPRI und ACDA. Das Stockholm International Peace Research Institute, *SIPRI*, ist das einzige unabhängige Institut, das regelmäßig systematische Waffenexportstatistiken in den Jahrbüchern (SIPRI Yearbooks) vorlegt. Allerdings werden nicht sämtliche Rüstungstransfers erfaßt, sondern lediglich *Großwaffensysteme*. Fünf verschiedene Kategorien von Waffen werden von SIPRI registriert und bewertet: Flugzeuge, Kriegsschiffe, Raketen, Radar- und Führungssysteme sowie Kanonen (mit einem Kaliber über 100 mm), Panzer und gepanzerte Mannschaftswagen. In den Statistiken von SIPRI wird nicht der tatsächlich gezahlte Preis für ein Waffensystem erfaßt, sondern die Transfers werden nach einem eigenen Schema bewertet, um in US-Dollar ausgedrückte und für alle Länder vergleichbare Trends des Waffenhandels zu ermitteln.

Anders als SIPRI registriert die U. S. Arms Control and Disarmament Agency, *ACDA*, eine Regierungsbehörde in Washington, nicht nur Waffenexporte, sondern den Transfer von *Rüstung allgemein*. Die Veröffentlichungen erfolgen regelmäßig, aber nicht jährlich, als World Military Expenditures and Arms Transfers und umfassen jeweils einen Zeitraum von 10 Jahren. Enthalten sind konventionelle Waffen (wie auch bei SIPRI), aber auch Fallschirme, Uniformen, nicht-gepanzerte Fahrzeuge, Kleinwaffen, Munition, sonstige Infanteriewaffen, Bauteile, logistische Geräte, Militärelektronik usw. Die ACDA-Statistiken enthalten keine medizinischen Geräte, Bauleistungen, Nahrungsmittel, Treibstoffe usw. Während SIPRI Ex- und Importe in Festpreisen (derzeit auf der Basis des Jahres 1985) veröffentlicht und sämtliche Lieferungen in einem Register einzeln auflistet, publiziert die ACDA sowohl in Festpreisen (also inflationsbereinigt) als auch in laufenden Preisen. Aus den ACDA-Statistiken lassen sich nur die Dollarwerte erkennen, nicht aber, welche Waffen und Geräte ex- und importiert wurden. Auch die Quellen (im wesentlichen Informationen der DIA [Defense Intelligence Agency] und CIA) sind in den Veröffentlichungen nicht genannt.

Die beim Statistischen Bundesamt in Wiesbaden geführte Außenhandelsstatistik zur Rüstung wird weiterhin geheimgehalten, angeblich, um Firmeninterna nicht zu veröffentlichen.

Es liegt in der Natur der Geschäftspraktiken, daß über die *illegalen* Rüstungstransfers, die das öffentliche Interesse häufig am meisten auf sich ziehen, wenig oder nichts bekannt ist. Sie können in den Statistiken natürlich nur dann erfaßt werden, wenn sie bekannt sind. Ob ein Export legal oder illegal ist, wird aufgrund der unterschiedlichen Gesetze in den Hauptexportländern unterschiedlich bewertet.

Berichte über Rüstungstransfers, ob in Rundfunk und Fernsehen oder Zeitungen und Zeitschriften, weisen oft weit voneinander *abweichende Zahlen* über den Rüstungsexport aus. Dabei wird gelegentlich nicht zwischen Aufträgen und Lieferungen unterschieden. In diesem Buch ist, wenn nicht ausdrücklich anders erwähnt, nur von tatsächlich erfolgten Lieferungen die Rede. Eine zweite Quelle von Mißverständnissen und Mißinformationen, besonders mit Bezug auf den Export aus der Bundesrepublik Deutschland, ist die unterschiedliche Erfassung je nach Kontrolle durch das *Kriegswaffenkontrollgesetz* oder die verschiedenen Listen des *Außenwirtschaftsgesetzes*. Die beiden Gesetze regeln den Export von *Kriegswaffen, Munition, Rüstungsmaterial,* aber auch von *Nukleartechnologie und Waren sonstiger strategischer Bedeutung*. Im Kapitel II.1., Die Bundesrepublik als großer Waffenlieferant, werden die Unterschiede, die Einzelheiten und die Größenordnungen benannt. Für die Exportkontrollen ist das *Bundesamt für Wirtschaft* in Eschborn, BAW, zuständig, eine dem Wirtschaftsministerium unterstellte Behörde, die wegen zu lascher Kontrollen und wenig sorgfältiger Prüfungen in den letzten Jahren häufig öffentlich kritisiert wurde.

Am Rande (besonders im ersten Kapitel, im Überblick über die Geschichte des Waffenhandels) ist gelegentlich auch von *Militärhilfe* die Rede. Dies betrifft vor allem die USA, gelegentlich auch die UdSSR und nur selten (weil von untergeordneter Bedeutung) die Bundesrepublik Deutschland. Waffen und militärische Geräte werden aus den USA über verschiedene Kanäle exportiert: im Rahmen des Military Assistance Program (dem Militärhilfeprogramm, das vom amerikanischen Steuerzahler finanziert wird), im Foreign Military Sales Program (in dem Verkäufe gegen Kredit oder sofortige Zahlung von der amerikanischen Regierung abgewickelt werden) oder im Commercial Sales Program (in dem Verkäufe von US-Firmen erfaßt sind).

Chronologie westdeutscher Giftgasexporte nach Libyen

Datum	Kenntnisstand der Bundesregierung	Reaktionen, Handlungen, Dementis etc. der Bundesregierung
1980		
22. April	Bundesnachrichtendienst (BND): Libyen will mit Hilfe ost- und westdeutscher Fachleute eine Anlage zur Herstellung chemischer Kampfstoffe entwickeln.	
1981		
12. Februar	BND: Libyen beabsichtigt die Einführung chemischer Kampfstoffe. Chemikalien aus Westeuropa werden benötigt.	
22. Juli	BND: Libyen bemüht sich in Italien und Spanien um den Einkauf von Grundchemikalien.	
15. Dezember	BND betont die Ernsthaftigkeit der libyschen Bemühungen.	
1983		
22. Juli	BND: Libyen besitzt eine Anlage zur Herstellung des Kampfstoffes Lost, vermutlich in Abu Kammash.	

Datum	Kenntnisstand der Bundesregierung	Reaktionen, Handlungen, Dementis etc. der Bundesregierung
1984		
	Chemiewaffeneinsatz des Irak. Meldungen über die Beteiligung westdeutscher Firmen.	
15. Mai		Außenwirtschaftsverordnung wird verschärft.
Juli	BND: Deutsche sind im Chemie-Komplex Abu Kammash tätig gewesen.	
15. November		Genehmigungsanträge für die Ausfuhr von Chemieanlagen (Teil D der Ausfuhrliste) müssen vom BAW dem Wirtschaftsministerium vorgelegt werden.
5. Dezember	BND: Libyen könnte über eine Produktionsstätte für Nervengas verfügen.	
1985		
5. Juli	Deutsche Botschaft in Moskau: Die Fa. Imhausen Lahr (Inh. Dr. Hippenstil), unter Beteiligung eines deutschen Staatskonzerns, schloß einen Vertrag für ein Pharmaprojekt in Hongkong. Tatsächlicher Bestimmungsort ist evtl. Libyen, Giftgasproduktion ist möglich.	
8. Juli		AA gibt Bericht an BND.
9. Juli		Wirtschaftsministerium erklärt, daß Imhausen keine Ausfuhrgenehmigung hat.
19. Juli	BND: keine Erkenntnisse über Imhausen	
1986		
22. Januar		Alle übrigen Libyen betreffenden Ausfuhrgenehmigungsanträge müssen dem Wirtschaftsministerium vorgelegt werden.
28. Januar	BND: Bei der Herstellung von Lost in Libyen sind Mitarbeiter einer deutschen Firma beteiligt.	Verband der Chemischen Industrie wird darauf hingewiesen, bei Verkäufen an Zwischenhändler besonders sorgfältig zu sein.
7. Februar	BND: Libyen importiert Natriumfluorid.	
18. Februar	BND: Libyen verfügt über Lost und Sarin, möglicherweise aus eigener Produktion.	

Datum	Kenntnisstand der Bundesregierung	Reaktionen, Handlungen, Dementis etc. der Bundesregierung
25. März	US-Botschaft übergibt ein Papier, wonach Libyen über den Verkauf von ABC-Abwehrausrüstungen verhandelt.	
24. April		BAW weist die Lieferfirma auf rechtliche Konsequenzen hin. Es wird kein Antrag gestellt.
28. Oktober	Verfassungsschutz erhält Hinweise auf mikrobiologisches Forschungszentrum in Libyen und Beteiligung der Firma IBI, Frankfurt.	
3. November	Papier der US-Regierung: Besorgnis über Chemiewaffen-Proliferation (einschließlich Libyen)	
10. November		Wirtschaftsministerium weist Verband der Chemischen Industrie darauf hin, daß eine Beteiligung an Chemiewaffenherstellung indiskutabel ist.
15. Dezember		Drei weitere Produkte werden in die Ausfuhrliste aufgenommen.
1987		
22. Juni	BND: In Rabta, Libyen, soll eine Kampfstoffabrik kurz vor der Fertigstellung sein.	
3. August	Satellitenaufnahmen der Rabta-Anlagen	
28. Oktober	Deutsche Botschaft, Tripolis: Es gibt Vorbereitungen für Giftgaseinsatz im Krieg mit dem Tschad, mit Hilfe westlicher Firmen.	
1988		
26. Januar	Deutsche Botschaft, Tripolis: Rabta–Forschungszentrum ist nach Berichten bereits funktionsfähig; deutsche Firmen sind beteiligt; später kann dieser Bericht nicht bestätigt werden.	

Datum	Kenntnisstand der Bundesregierung	Reaktionen, Handlungen, Dementis ect. der Bundesregierung
15. März	Dem Zollkriminalinstitut (ZKI) wird bekannt, daß die Firma IBI, Frankfurt, möglicherweise am illegalen Technologietransfer beteiligt ist.	
1. April/ 1. September		«Leitfaden zur Verhinderung illegalen Technologietransfers»
18. Mai	US–Botschaft teilt ihre Besorgnis über die Beteiligung westdeutscher Firmen beim Bau eines Chemiewerkes in Libyen und beim Umbau libyscher Flugzeuge zur Luftbetankung mit. Insgesamt sechs Firmen wurden bis Mai 1988 namentlich genannt.	
25. Mai		AA: Frage an das Wirtschaftsministerium, ob Außenwirtschaftsprüfung erwogen wird.
8.Juni		Anordnung einer Außenwirtschaftsprüfung bei Fa. Intec.
15. Juli	BND erhält weitere Hinweise auf Beteiligung westdeutscher Firmen in Rabta.	
2. August	Mitteilung des BND an ZKI wegen Firmenbeteiligung	Vorermittlungen werden durchgeführt.
21. September	US-Botschaft übergibt Papier mit Hinweisen zum Beginn der Serienproduktion	Besprechung im Bundeskanzleramt und der Parlamentarischen Kontrollkommission
30. September/ 10./27. Oktober	BND: deutlicher Hinweis für Beteiligung westdeutscher Firmen	
20. Oktober	Zusammenfassender Bericht an den Bundeskanzler	
11. November	Brief von US-Außenminister Shultz: Besorgnis wegen Beteilgung namentlich genannter westdeutscher Firmen	
15. November	Bundeskanzler erhält von US-Regierung Mitteilung über Beteiligung westdeutscher Firmen.	Bundessicherheitsratsprotokoll: «In den Produktionsstätten in der Wüste wurde ein gewaltiges Potential chemischer Waffen hergestellt ... und deutsche Fachleute sollen beteiligt sein.»
17./18. November	BND: Salzgitter AG ist beteiligt.	

Datum	Kenntnisstand der Bundesregierung	Reaktionen, Handlungen, Dementis etc. der Bundesregierung
30. November		Kabinett und Bundessicherheitsrat werden unterrichtet.
7. Dezember	BWA teilt Wirtschaftsministerium mit, daß mehrere Firmen Ausfuhrantrag gestellt haben.	Forschungsministerium und ZKI kommen zu der Erkenntnis, der Verdacht sei nicht begründet.
14. Dezember	Ermittlungsbeamte des ZKI erhalten Baupläne des «Pharmaprojektes».	
20. Dezember		Bundeskanzler Kohl errichtet eine Arbeitsgruppe, die bis Februar Ergebnisse vorlegen soll.
22. Dezember		Besprechung mit US-Expertendelegation.
29. Dezember		Finanzministerium verfügt Außenwirtschaftsprüfung bei Imhausen.
1989		
1. Januar	Veröffentlichung der New York **Times** über westdeutsche Beteiligung.	
2. Januar		Beginn der Außenwirtschaftsprüfung bei Imhausen.
4. Januar		Stellvertretender Regierungssprecher erweckt den Eindruck, erst seit dem 15. November 1988 seien die amerikanischen Beschuldigungen bekannt.
5. Januar		Bundesaußenminister Genscher: «Selbstgewonnene Erkenntnisse» liegen nicht vor. Firma Imhausen erhält öffentlich von der Oberfinanzdirektion Freiburg einen «Persilschein».
6. Januar		Regierungssprecher Ost wendet sich mit aller Schärfe gegen die «Kampagne» amerikanischer Medien.
11. Januar		Bundeskanzler Kohl empfindet «es als unerträglich, wenn man die Deutschen jetzt auf die Anklagebank setzt, ohne daß wir die Möglichkeit haben, die Beweismittel einzusehen. Das ist kein Umgang unter Freunden.»

Datum	Kenntnisstand der Bundesregierung	Reaktionen, Handlungen, Dementis etc. der Bundesregierung
12. Januar		ZKI erhält weiteres Beweismaterial über andere Firmen.
13. Januar		Regierungssprecher Ost behauptet weiterhin, der BND habe «bereits im Oktober 1988» Hinweise geliefert, die USA erst im November 1988. «Bis heute fehlt der endgültige Beweis.»
16. Januar		Bundesfinanzminister Stoltenberg: Man muß von einer Chemiewaffenproduktion ausgehen.
18. Januar		Regierungssprecher Ost bleibt bei seiner Version: «Ich habe bis jetzt keine weiteren Hinweise.»
19. Januar		Abschluß des 2. Teils der Außenwirtschaftsprüfung bei Imhausen. Der Export nach Hongkong war nicht genehmigungspflichtig. Das Auswärtige Amt bestätigt eine «erhebliche Störung der auswärtigen Beziehungen durch illegale Ausfuhren für libysche CW-Anlage».
17. Februar		Vorlage eines umfassenden Berichts im Deutschen Bundestag und Ankündigung folgender Maßnahmen: – Exportverbote für militärisch nutzbare Güter, – Verbesserung der Informationsbasis der Kontrollbehörden, – Verschärfung bestehender Straf- und Bußgeldbestimmungen, – Einführung der Strafbarkeit für die Mitwirkung von Deutschen bei der Herstellung oder Verbreitung von biologischen und chemischen Waffen, – verbesserte personelle und materielle Ausstattung der Kontrollbehörden.

Quellen:
- Archiv des Autor
- Bericht der Bundesregierung über die Beteiligung deutscher Firmen am Bau der C-Waffen-Fabrik im libyschen Rabta
- Deutscher Bundestag, Plenarprotokoll 11/126 vom 17. Februar 1989.

EMPFÄNGER VON RÜSTUNGSGÜTERN UND MILITÄRISCHER

	Flugzeuge, Hubschrauber	Panzer, Fahrzeuge	Raketen, Lenkwaffen	Kriegsschiffe, sonst. Schiffe	Kanonen, Munition, Kleinwaffen usw.
1) Afghanistan					
2) Ägypten	x	x	x	x	x
3) Algerien		x	x	x	
4) Angola			x		x
5) Argentinien		x	x	x	x
6) Äthiopien	x	x			
7) Bahrain	x			x	
8) Bangladesh					x
9) Benin	x				
10) Bolivien	x		x		x
11) Botswana					
12) Brasilien	x		x	x	x
13) Brunei	x				x
14) Burkina Faso					x
15) Burma					x
16) Burundi	x				x
17) Chile	x		x	x	x
18) China, V.R.	x	x			
19) Costa Rica	x				
20) Djibouti		x		x	
21) Dominikanische Rep.					x
22) Ecuador		x	x	x	x
23) Elfenbeinküste	x				
24) El Salvador		x			x
25) Gabun	x		x	x	
26) Ghana		x		x	x
27) Guatemala		x			
28) Guayana					x
29) Guinea		x			

AUSRÜSTUNGSHILFE AUS DER BUNDESREPUBLIK

Geräte, Ersatzteile, Militärhilfe	Produkt. Techn. Lizenzen	Wert der Lieferungen 1982–1986 in Millionen US-Dollar	Kriege seit 1945
x			1978–
x	x	5	1948–49, 1951–52, 1956, 1967, 1969–70, 1973
x	x	80	1945, 1954–62, 1963, 1967, 1973, 1975–
			1961–75, 1975–76, 1976–
x	x	1400	1969–77, 1982
x	x		1961, 1963–64, 1975–, 1976–, 1977–
		40	
x	x		
x			
			1946–52, 1967
x			
x	x		
			1962
x			1985
x	x	20	1948
x		5	1972
x	x	130	
x	x	5	1946–50, 1950, 1954, 1954/55–59, 1955, 1958, 1962, 1979
x			1948, 1955
x			
			1959
			1981
			1969, 1978–
x			
x			1954, 1960–72, 1980–
x			1970

	Flugzeuge, Hubschrauber	Panzer, Fahrzeuge	Raketen, Lenkwaffen	Kriegsschiffe, sonst. Schiffe	Kanonen, Munition, Kleinwaffen usw.
30) Haiti					x
31) Honduras					
32) Indien	x		x	x	x
33) Indonesien	x		x	x	x
34) Irak	x	x	x		x
35) Iran	x	x		x	x
36) Israel	x	x	x	x	x
37) Jamaika					
38) Jemen (Nord-)		x			
39) Jordanien		x		x	x
40) Kamerun	x	x	x		
41) Katar	x	x	x		x
42) Kenia	x	x	x		x
43) Kolumbien	x			x	x
44) Kongo	x				x
45) Kuwait	x	x	x	x	x
46) Lesotho	x				x
47) Libanon				x	x
48) Libyen	x	x	x		
49) Madagaskar				x	
50) Malawi	x			x	x
51) Malaysia	x	x		x	
52) Mali					
53) Malta					
54) Marokko	x	x	x	x	x
55) Mauretanien		x			
56) Mauritius					x
57) Mexiko	x	x	x		x
58) Mosambik					x

Geräte, Ersatzteile, Militärhilfe	Produkt. Techn. Lizenzen	Wert der Lieferungen 1982–1986 in Millionen US-Dollar	Kriege seit 1945
			1963
x			1957, 1969
x	x	130	1947–49, 1948, 1950–64, 1961, 1962, 1965, 1966, 1971, 1982–84
x	x	30	1945–49, 1950, 1958–61, 1962, 1963–66, 1975–, 1977
x	x	625	1961–64, 1965–66, 1967, 1969–70, 1973, 1974–75, 1976–, 1980–88
x	x		1946–47, 1978–82, 1979–, 1980–88
x	x		1948, 1956, 1967, 1969–70, 1973
x			
x			
x		5	1967, 1970–71, 1973
x		30	1955–63
x			
x			1952–56, 1963–67
x		675	1948–57, 1961–62, 1964–72, 1978–84
x			1960–64, 1964–67, 1967
x		210	1967, 1973
x			
			1958, 1975–
x	x	70	1967, 1973
x			1947–48
x			
x	x	200	1948–60, 1963–66
x			1985
x			
x			1952–56, 1957–58, 1963, 1975–
x			1975–
x		10	
			1964–74, 1975–79, 1978–

	Flugzeuge, Hubschrauber	Panzer, Fahrzeuge	Raketen, Lenkwaffen	Kriegsschiffe, sonst. Schiffe	Kanonen, Munition, Kleinwaffen usw.
59) Nepal					
60) Nicaragua					x
61) Niger	x	x		x	
62) Nigeria (Biafra)	x	x	x	x	x
63) Nordkorea					x
64) Oman			x		
65) Pakistan		x	x		x
66) Panama					x
67) Paraguay		x			
68) Peru	x	x	x	x	x
69) Philippinen	x			x	x
70) Ruanda	x	x			
71) Sambia	x				
72) Saudi-Arabien	x	x	x	x	x
73) Senegal			x		x
74) Sierra Leone	x				
75) Singapur		x		x	x
76) Somalia	x	x	x		
77) Sri Lanka				x	x
78) Südafrika	x	x	x	x	x
79) Sudan	x	x			x
80) Südkorea				x	
81) Swaziland	x				
82) Syrien	x	x	x		
83) Taiwan					
84) Tansania	x			x	x
85) Thailand	x	x	x	x	x
86) Togo	x	x			x
87) Tonga (West-Samoa)					
88) Trinidad					

Geräte, Ersatzteile, Militärhilfe	Produkt. Techn. Lizenzen	Wert der Lieferungen 1982–1986 in Millionen US-Dollar	Kriege seit 1945
x	x		1950, 1962
x	x		1948, 1955, 1977–79, 1981–
x	x	10	
x	x	80	1967–70
			1950–53
x		240	1957–59, 1965–75
x	x	5	1947–49, 1965, 1971
x	x		1947, 1958–60
x	x	110	1965–66, 1980, 1981
x	x		1946–52, 1970
x			1963–64
x			
x	x	90	1967, 1969, 1973, 1979–80
x			
x			
x	x	50	
x		10	1963–64, 1963–67
			1971, 1983–
x	x		1964–75, 1966–79, 1975–76, 1975–79,1976–, 1978–
x	x	40	1955–72, 1983
x	x		1950–53
x	x	10	1948–49, 1967, 1973, 1982
x			1954, 1955, 1958
x			1971–72, 1978–79
x	x	10	1965–80
x			
x			

	Flugzeuge, Hubschrauber	Panzer, Fahrzeuge	Raketen, Lenkwaffen	Kriegsschiffe, sonst. Schiffe	Kanonen, Munition, Kleinwaffen usw.
89) Tschad		x	x		x
90) Tunesien		x	x	x	
91) Uganda	x				x
92) Uruguay	x			x	
93) Venezuela		x		x	x
94) Vereinig. Arab. Emirate	x	x	x	x	x
95) Vietnam					
96) Zaire	x				
97) Zimbabwe (Rhodesien)	x				x
98) Zypern			x	x	
Summe/Zahl					

Quellen:
Spalte (1) bis (7): Roland Mierzwa, Bundesdeutsche Rüstungsexporte in die Dritte Welt, Frankfurt 1989 (Dokumentation Nr. 11 Pax Christi und Versöhnungsbund), Michael Brzoska, Rüstungsexportpolitik, Frankfurt 1986, Bundestagsdrucksache 10/2263 vom 7. November 1984, Der Spiegel 14/1979, Archiv Institut für Friedensforschung und Sicherheitspolitik
Spalte (8): U.S. Arms Control and Disarmament Agency, World Military Expenditures and Arms Transfers 1988
Spalte (9): Arbeitsgemeinschaft Kriegsursachenforschung, Verzeichnis der Kriege nach dem Zweiten Weltkrieg (ab Dezember 1944) bis Ende 1984, in: Friedensanalysen 21, Frankfurt 1987, S. 98–134; ergänzt durch Ulrike Borchardt u.a., Die Kriege der Nachkriegszeit, in: Vereinte Nationen 2/1986 und SIPRI-Yearbook 1989
Anmerkung: In den Angaben sind Exporte aus den Gemeinschaftsprojekten (wie z.B. die in der Regel aus Frankreich gelieferten deutsch-französischen Lenkwaffen HOT und Milan) enthalten. Bei der sogenannten militärischen Ausbildungs- und Ausrüstungshilfe ist nur diejenige für ausländische Streitkräfte erfaßt, also keine Polizeihilfe.

Geräte, Ersatzteile, Militärhilfe	Produkt. Techn. Lizenzen	Wert der Lieferungen 1982–1986 in Millionen US-Dollar	Kriege seit 1945
x			1966–88
x		10	1952–54, 1961, 1973, 1980
x			1971–72, 1978–79, 1981–88
x		5	1961
x	x	40	1958–69
x	x	10	1967
x			1946–54, 1955–75, 1963–69, 1967, 1977–78, 1978–, 1979
x	x		1977, 1978
x			1966–79
			1955–59, 1963–64, 1974
		4 380	

Anmerkungen

1 SIPRI: The Arms Trade with the Third World, Stockholm/New York 1971, S. VII
2 Zit. in: Michael T. Klare: American Arms Supermarket, Austin 1984, S. 86–87
3 Zit. von Noam Chomsky, in: In these Times, 9.–15. Januar 1985, S. 19
4 Zit. in: Michael T. Klare, a. a. O., S. 119
5 Barry M. Blechman, Janne E. Nolan, Alan Platt, Pushing Arms, in: Foreign Policy, No. 46/1982, S. 148
6 Zit. von Kenneth R. Timmerman: Öl ins Feuer, Zürich und Wiesbaden, S. 23
7 Deutscher Bundestag, 10. Wahlperiode, 77. Sitzung, Bonn, 28. Juni 1984
8 Zit. in: Jürgen Roth: «Hochexplosiv», Sendung im ZDF am 7. Januar 1988, Sendemanuskript S. 4
9 Zit. in: Die Zeit, 3. Februar 1989
10 Jürgen Roth: Die illegalen deutschen Waffengeschäfte und ihre internationalen Verflechtungen, Frankfurt 1988, S. 86/87
11 In: Der Spiegel Nr. 39/1987, S. 149
12 Zit. in: Times vom 17. Juni 1987
13 Zit. in: K. R. Timmerman, a. a. O., S. 283
14 Zit. in: Frankfurter Rundschau, 7. September 1988
15 Zit. in: Financial Times, 15. August 1987
16 Blocking the Spread of Nuclear Weapons. American and European Perspectives, New York 1986, S. VII
17 Leonard S. Spector: Going Nuclear, Cambridge, Mass. 1987, S. 4
18 Alexander Roßnagel, in: Herbert Wulf/Bernd C. Hesslein: Die Bombe tickt, in: NDR 3 (Hörfunk), Sendung am 21. Februar 1988, Sendemanuskript S. 6/7
19 Ebenda, S. 8–10
20 Time, 30. März 1987
21 David Albright und Tom Zamora: India, Pakistan's nuclear weapons: all the pieces in place, in: Bulletin of the Atomic Scientists, Juni 1989, S. 21
22 Zit. in: P. S. Jayramu: Nuclear Weapon-Free Zone, Non-Proliferation Treaty in South Asia, in: K. Subrahmanyam (Hg.): Nuclear Myths and Realities, New Delhi 1981, S. 81
23 Zit. in: Z. Khalilzad: The Security of South West Asia, Aldershot 1984, S. 127
24 Interview in: epd-Entwicklungspolitik 16/1987, S. 20
25 Leonard S. Spector, a. a. O., S. 130/131
26 Günter Verheugen: Apartheid, Köln 1986, S. 124–126
27 Zit. in: Matthias Küntzel: Die politischen Kontroversen in der BRD um den Atomwaffensperrvertrag in den Jahren 1966–74, Lüneburg 1983, Manuskript S. 38
28 K. Subrahmanyam: Challenging the Conventional Wisdom. A Third World Perspective on Nuclear Weapons and Proliferation, auszugsweise abgedruckt in: Militärpolitik. Dokumentation, Heft 37, S. 97f; der ehemalige pakistanische Präsident Bhutto benutzte ähnliche Argumente und prägte den Begriff «islamische Bombe».
29 K. Subrahmanyam (Hg.), Nuclear Myths and Realities, New Delhi 1981, S. VII
30 Ali A. Mazrui: Changing the Guards from Hindus to Muslims. Collective Third

World Security in a Cultural Perspective, in: International Affairs 1/1980–81, S. 17ff
31 Blocking the Spread of Nuclear Weapons, a. a. O., S. IX/X
32 Deutscher Bundestag, 10. Wahlperiode, 198. Sitzung, 26. 2. 1986, S. 15341
33 Deutscher Bundestag, 10. Wahlperiode, Drucksache 10/1346 vom 24. April 1984, S. 2
34 Deutscher Bundestag, 10. Wahlperiode, 165. Sitzung, 17. Oktober 1986, S. 12335f
35 Ebenda, S. 12341
36 Zit. in: Ulrich Albrecht: Der Handel mit Waffen, München 1971, S. 9
37 Deutscher Bundestag, 11. Wahlperiode, 126. Sitzung, 17. Februar 1989, S. 9267
38 Deutscher Bundestag, 10. Wahlperiode, 165. Sitzung, 17. Oktober 1985, S. 12341
39 Deutscher Bundestag, Drucksache 10/1737 vom 12. Juli 1984
40 Presse- und Informationsamt der Bundesregierung, Bulletin 38 vom 5. Mai 1982
41 Deutscher Bundestag, Drucksache 10/1915 vom 29. August 1984
42 Ebenda
43 Deutscher Bundestag, Drucksache 10/1336 vom 17. April 1984, S. 4
44 Ebenda, S. 3
45 Bundestagsprotokolle 1979, S. 11057
46 Deutscher Bundestag, Drucksache 10/1336, S. 5
47 Zit. in: Frankfurter Rundschau, 27. April 1981
48 Zit. in: Frankfurter Rundschau, 7. April 1987
49 Deutscher Bundestag, Drucksache 10/2858 vom 8. Februar 1985
50 Ebenda, Drucksache 10/2174 vom 23. Oktober 1984
51 Ebenda, Plenarprotokoll 10/167 vom 23. Oktober 1985, S. 12516
52 Ebenda, Plenarprotokoll 10/198 vom 20. Februar 1986, S. 15 340
53 Ebenda, 156. Sitzung, 12. September 1985, S. 11700f
54 In: Frankfurter Rundschau, 18. Februar 1978
55 In: Frankfurter Rundschau, 22. April 1978
56 Presse- und Informationsamt der Bundesregierung, Bulletin 38 vom 5. Mai 1982
57 Rudibert Kunz/Rolf-Dieter Müller: Giftgasanlagen gefällig?, in: Die Zeit, 3. Februar 1989
58 In: Die Welt, 11. Januar 1989
59 In: Der Spiegel, 4/1989, S. 18
60 Zit. in: Der Spiegel, 2/1989, S. 34
61 Deutscher Bundestag, Plenarprotokoll 11/126 vom 17. Februar 1989, S. 9266–9269
62 Hartmut Lierow: Warum deutsche Firmen, die am Krieg verdienen, sicher sein können, in: Frankfurter Rundschau, 5. Mai 1989, S. 14
63 In: Die Zeit, 3. Februar 1989
64 Das Urteil wird zitiert in: Frankfurter Rundschau, 14. November 1987
65 Zit. in: Der Spiegel, 2/1989, S. 33
66 Dieses wie auch die folgenden Zitate stammen aus der schriftlichen Urteilsbegründung X–64/83 810/8 Js 489/80 des Landgerichts Düsseldorf
67 Deutscher Bundestag, Plenarprotokoll 10/222, a. a. O.
68 Deutscher Bundestag, Plenarprotokoll 10/222 vom 19. Juni 1986, S. 17193

69 Zit. in: BUKO-Koordinationsstelle: Rüstungsexporte. Gewollt, genehmigt, geheim, Bremen 1988, S. 20
70 Schreiben der Staatsanwaltschaft bei dem Landgericht Hof vom 18. April 1988, abgedruckt in: BUKO-Koordinierungsstelle, a. a. O., S. 27
71 Zitate aus der schriftlichen Urteilsbegründung Landgericht Hamburg (37) 18/87 KLs-141 Js 142/85
72 Die Texte der verschiedenen UN-Resolutionen sind abgedruckt in: Signe Landgren: Embargo Disimplemented. South Africa's Military Industry, Oxford 1989, S. 248–252
73 Siehe hierzu: Peter Lock: The UN Embargo and Federal Republic of Germany Controls, Papier geschrieben für die Konferenz des UN Special Committee Against Apartheid, London, 28./29. Mai 1986; Anti-Apartheid Bewegung: Die gesetzlichen Bestimmungen für den Rüstungsexport der Bundesrepublik Deutschland, Bonn 1983; siehe auch die Kritik: Presse- und Informationsamt der Bundesregierung: Zur Sache: Widerlegung der Vorwürfe einer angeblich nuklearen und militärischen Zusammenarbeit zwischen der Bundesrepublik Deutschland und Südafrika, 2. Auflage, Bonn 1978; Günter Verheugen: Apartheid, Köln 1986, S. 109–123; Informationsdienst Südliches Afrika, verschiedene Jahrgänge, u. a. Heft 6/Oktober 1986, S. 20f; Pressemitteilung: Bundeskongreß entwicklungspolitischer Aktionsgruppen vom 21. Sept. 1988; Roland Mierzwa, Bundesdeutsche Rüstungsexporte in die Dritte Welt, Hg. Pax Christi und Versöhnungsbund, Dokumentation 11. Januar 1989.
74 Landgericht Düsseldorf, Urteil X–64/83 810/8 Js 489/80, S. 16f
75 Der Brief ist abgedruckt in: Der Spiegel, 4. Juli 1988, S. 22
76 So der Bundeskanzler in der Zeugenaussage vor dem Untersuchungsausschuß am 16. Februar 1987; zit. in: Der Spiegel, a. a. O., S. 24
77 Zit. in: Günter Verheugen, a. a. O., S. 116
78 Deutscher Bundestag, Drucksache 10/1011, S. 25
79 World Campaign against Military and Nuclear Collaboration with South Africa, Background Paper (Autor Peter Lock), Bonn Consultation on the FRG and the United Nations Arms Embargo Against South Africa, Bonn, 27. April 1989, Ms. S. 4
80 Signe Landgren, a. a. O.
81 Peter Lock, a. a. O., S. 31
82 World Campaign..., a. a. O., S. 20
83 Detlef Wiebel: Rüstungskooperation – Die Luftwaffe als Kooperationspartner im Bündnis, in: Wehrtechnik 6/1989, S. 24
84 Ludwig-Holger Pfahls: Rüstung und Rüstungspolitik in den 90er Jahren, in: Wehrtechnik 6/1989, S. 10
85 Alf Fischer: Verteidigungshaushalt der Zukunft – eine Trend-Prognose, in: Wehrtechnik 5/1989, S. 42
86 Ebenda, S. 39
87 Karl-Heinz Narjes: Die europäische Einigung am Beispiel der Europäischen Gemeinschaften, Vortrag am 12. November 1987, Redemanuskript, S. 44
88 IEPG, Luxembourg Communiqué vom 9. November 1988, S. 1
89 Michael Brzoska: Auf dem Weg zur Europäisierung der Rüstungsproduktion, in: Mediatus 3/1989, S. 5, kommt zu dieser Einschätzung.

90 Bundesverband der Deutschen Industrie (ohne Autor): Zur Rüstungskonversion aus industrieller Sicht, Vortragsmanuskript, Köln 28. Februar 1989, S. 6 und 9
91 Wolfgang Kartte: Ein Rollfeld für Multis?, in: Der Spiegel, 5. Juni 1989, S. 142
92 In: Der Spiegel, 1. August 1988, S. 35
93 United Nations: Study on the Economic and Social Consequences of the Arms Race and Military Expenditures, New York 1989, S. 4
94 Zit. in: Frankfurter Rundschau, 26. August 1987
95 Deutscher Bundestag, Plenarprotokoll 11/126 vom 17. Februar 1989, S. 9263
96 Ebenda, S. 9281
97 Siehe Entwurf eines Gesetzes zur Sicherung der Kriegswaffenkontrolle, Deutscher Bundestag, 10. Wahlperiode, Drucksache 10/3342 vom 14. Mai 1985